Encontrando Deus

no tempo da dificuldade

Matt & Beth Redman

Encontrando Deus

no tempo da dificuldade

Decidindo pela confiança e esperança quando não enxergamos o caminho

Vida

Vida

Editora Vida
Rua Conde de Sarzedas, 246 – Liberdade
CEP 01512-070 – São Paulo, SP
Tel.: 0 xx 11 2618 7000
Fax: 0 xx 11 2618 7030
www.editoravida.com.br

Publicado originalmente nos EUA com o título *Finding God in the Hard Times.*

Edição publicada com autorização contratual de Bethany House, uma divisão de Baker Publish Group. (Grand Rapids, Michigan, 49516, EUA).

■

■

Todas as citações bíblicas e de terceiros foram adaptadas segundo o Acordo Ortográfico da Língua Portuguesa, assinado em 1990, em vigor desde janeiro de 2009.

Editor responsável: Gisele Romão da Cruz Santiago
Tradução: Juliana Kummel
Revisão de tradução: Andrea Filatro
Revisão de provas: Josemar de Souza Pinto
Diagramação: Claudia Fatel Lino
Capa: Arte Peniel

1. edição: out. 2016

Dados Internacionais de Catalogação na Publicação (CIP)
(Câmara Brasileira do Livro, SP, Brasil)

Redman, Matt
Encontrando Deus no tempo da dificuldade : decidindo pela confiança e esperança quando não enxergamos o caminho / Matt e Beth Redman ; [tradução Juliana Kummel]. -- São Paulo : Editora Vida, 2016.

1. Confiança em Deus 2. Esperança - Aspectos religiosos - Cristianismo 3. Religião 4. Vida cristã I. Redman, Beth. II. Título.

16-06857 CDD-248.4

Índices para catálogo sistemático:

1. Esperança : Vida cristã : Cristianismo 248.4

Dedicado à amada memória de

Rachel McColl

e Nathalie Kathryn Brown

Sumário

Nossos agradecimentos a:

Don Williams e Louie Giglio pelo
apoio e comentários

Claire Prosser e Ellie Zaragoza
por muita pesquisa e apoio

Jo Trevor pelas estatísticas
que providenciou

Pastor Jack Hayford e pastor Andy Hickford
por suas sábias e poderosas palavras de abertura

Todos da Bethany House/
Baker Publishing Group

Prefácio
à primeira edição

Pasmo!

Chocado com as circunstâncias!

Sacudido pelos terremotos da vida!

Todos nós passamos por tempos difíceis, mas nem todos os administramos bem — pelo menos quando somos atingidos pela primeira das muitas colisões que fazem parte da vida. Em algum momento enfrentaremos acontecimentos arrasadores e chocantes que parecerão abalar o horizonte da nossa vida. Esses acontecimentos surgem como raios — imprevisíveis e cegantes — e são seguidos sem escapatória pelo trovão das consequências provocadas pelo indesejado evento.

Matt e Beth Redman passaram por tais experiências e, como resultado, não apenas nos brindaram com uma bela canção para nos ajudar diante de tais circunstâncias, mas também nos oferecem este livro de grande encorajamento. Se você pode dizer "Já passei por isso, já estive lá" no que se refere a desafios que, embora não tendo abalado sua fé, abalaram sua mente com dúvidas, então você será abençoado ao ver Matt e Beth compartilhando estas letras e sua própria história de como, em meio aos momentos que abalam a nossa vida, o Espírito Santo pode nos trazer estabilidade na presença daquele que é o único que pode acalmar os nossos medos e tratar das nossas dúvidas nele *mesmo* — a suprema e única Resposta adequada.

Esta canção se tornou uma âncora para nossa filha Rebecca, bem como para toda a congregação de The Church on the Way [A igreja no caminho], quando Scott Bauer, marido de Rebecca, o nosso genro, e pastor sênior da congregação, morreu quase instantaneamente aos 49 anos em razão de uma hemorragia massiva causada por um aneurisma cerebral. Naquilo que consideramos a plenitude da vida, um marido, pai e pastor amado foi repentinamente transportado para sua morada eterna. E, embora a certeza de ele "estar na presença do Senhor" tenha trazido à época — e *traga* ainda hoje — grande consolo espiritual, vindo da nossa fé em Jesus Cristo, quando tais acontecimentos chocantes acontecem, raramente consolação imediata chega à superfície crua das nossas emoções ou às asperezas do nosso raciocínio.

Deus não se ofende com isso. Na verdade, as lágrimas de Jesus no túmulo de Lázaro — mesmo sabendo que ele mesmo estava prestes a ressuscitar Lázaro dos mortos — são suficientes para assegurar que ele entende a nossa dor pelas perdas, pelos desafios ou pelas circunstâncias chocantes da vida. Nós de fato temos um lugar de refúgio naquele que se compadece (Hebreus 4.15) das nossas fraquezas, dores e lutas.

Nós e a nossa igreja experimentamos essa compaixão quando a canção que Matt e Beth receberam de Deus ministrou ricamente a nós e se tornou um bálsamo de cura na vida da congregação. Rebecca me telefonou no dia seguinte à morte de Scott e disse: "Pai, nós poderíamos cantar 'Bendito seja o teu nome' no domingo? Aqui em casa, ouço e canto uma vez depois da outra".

Para o meu pesar, tive de admitir que não conhecia a música. Como Scott assumira a supervisão da igreja, as minhas viagens não me permitiam manter-me atualizado quanto ao repertório de adoração da congregação. Mas, naquele domingo, aprendi a canção de

Matt e Beth e mal posso descrever a progressiva infusão de fé que ela nos deu — mais do que isso, a alegria além da tristeza que se espalhou entre todos nós — durante aqueles primeiros dias depois de Scott ter voltado para casa. Nós cantamos:

> E quando as trevas me cercarem, Senhor
> Ainda assim eu direi...
> Bendito seja o nome do Senhor,
> Bendito seja o teu glorioso nome.

Oh, que conforto! Que declaração poderosa, firme, confortadora, dinâmica e centralizada na Palavra!

Por isso, Matt e Beth, ofereço a minha profunda gratidão a vocês. Compreendo que, como compositores, as canções não surgem sem que tenhamos pago um preço pessoal para aprender sua verdade. Vocês nos enriqueceram ao nos aproximarem da verdade profunda de que, pensando bem, conhecer Jesus não significa "ser abençoado" ou "receber bênçãos". Pelo contrário, trata-se de conhecê-lo — aquele que é invariavelmente fiel — não importa o que esteja acontecendo ao nosso redor!

Ao pegar este livro, caro leitor, creio que você será abençoado e conduzido a riquezas que se acham apenas quando encontramos o amor e o conforto de Deus nas tribulações e além da tristeza. O amor e o conforto de Deus não apenas estão evidentes nos testemunhos deste livro, mas também são promessas preciosas e eternas no livro dele: a sólida, inabalável aliança da Palavra de Deus, que nos assegura: "Quando você atravessar as águas, eu estarei com você [...] Quando você andar através do fogo, não se queimará [...]" (Isaías 43.2).

Pastor Jack W. Hayford

Chanceler, The King's Chancellor and Seminary

Prefácio
à segunda edição

O telefone tocou às 5 horas da manhã. Dois bons amigos estavam na linha. O filho deles de 4 anos estava morrendo em razão de um tumor cerebral e fora levado para o hospital — será que eu poderia ir até lá e orar? Nas horas seguintes, permaneci silenciosamente em um canto do quarto do hospital, implorando a Deus enquanto duas pessoas admiráveis tentavam aceitar o pior pesadelo de um pai e de uma mãe ao confortar seu jovem filho em seus últimos dias.

Por volta das 7 horas, recebi outra ligação. Dessa vez era Sarah, também da igreja, que estava em estágio terminal de câncer. Ela passara por uma grande convulsão naquela manhã e fora levada às pressas para o hospital. Desci para encontrá-la na ala da emergência, e, depois que ela recobrou a consciência, começamos a conversar. Sarah era uma mulher de muita fé que sabia que estava morrendo. Conversamos sobre a esperança cristã de um novo céu e uma nova terra e concordamos que um dia gostaríamos de "fazer" a costa de Donegal juntos! A lembrança de como ela estava entusiasmada em saber se haveria um Guinness disponível é um tesouro para mim! Ela ainda estava sorrindo quando o assistente da ala de doentes terminais chegou para encarregar-se de seus cuidados.

Entretanto, durante todo esse tempo, eu estava ansioso para fazer duas ligações particulares. A primeira era para Simon. No dia anterior, ele tecnicamente morrera quatro vezes antes de ser ressuscitado. Nessa manhã, ele passaria por uma cirurgia cardíaca, em Brighton, que poderia salvar sua vida. Eu queria orar com ele antes que o levassem para a sala de cirurgia. Conseguimos falar no último minuto. O segundo telefonema era para a minha avó, que estava no hospital e não passava bem. Eu realmente queria vê-la, mas teria de dirigir cerca de três horas e precisava explicar por que não seria possível ir naquele dia.

Por fim, lá pelas 10 horas da manhã, entrei no carro e tentei chegar ao escritório. Não consegui. Sentia-me sobrecarregado e emocionalmente exausto. Eu não seria capaz de me concentrar. Então, fui para a praia, sentei-me e fiquei assistindo ao movimento das ondas indo e vindo. Nos três meses seguintes, precisei enterrar três daquelas pessoas queridas.

Nos três meses seguintes, eu me sentaria muitas vezes naquela praia.

Matt e Beth, neste belo livro, proporcionam conselhos simples, mas profundos, para ajudar a preparar os cristãos para esses "momentos na praia". *Encontrando Deus no tempo da dificuldade* apresenta ao leitor ferramentas para o lamento — como lamentar-se na presença de Deus. Com efeito, este livro é um modelo de pensamento cristão para nos ajudar a filtrar e visualizar as dores da vida. É claro que nada pode nos preparar completamente para o sofrimento. Remédios imediatos não funcionam e, fico feliz em dizer, não se encontram nestas páginas. O que foi sensivelmente escrito aqui aponta na direção de um Deus que anseia por se revelar nas piores circunstâncias, um Deus que continua trazendo vitória diante da morte, um Deus que ainda pode extrair beleza das coisas mais feias e terríveis, um Deus em quem a esperança surge eterna.

Richard Wurmbrand, que foi aprisionado e torturado por sua fé, tentou explicar isso da seguinte forma: "Na prisão precisamos desaprender a nossa teologia e reaprender *Theos* — Deus — aquele de quem a teologia fala. Em lugar algum, a Bíblia diz que um versículo bíblico o confortaria. É somente o Deus vivo sobre quem o versículo da Bíblia fala que pode trazer conforto ao nosso sofrimento".

É esse Deus que este livro nos encoraja a encontrar em meio ao nosso sofrimento. Bendito seja o teu nome!

ANDY HICKFORD

Pastor presidente, Maybridge Community Church

Worthing, Inglaterra

Bendito seja o teu nome

Bendito seja o teu nome na terra fértil,
Onde as tuas correntes de abundância fluem,
Bendito seja o teu nome.
E bendito seja o teu nome quando eu me encontro no lugar árido,
Embora caminhe pelo deserto,
Bendito seja o teu nome.

Cada bênção que derramas eu transformarei em louvor.
E, quando as trevas me envolverem, Senhor,
Ainda assim eu direi:

Bendito seja o nome do Senhor,
Bendito seja o teu nome.
Bendito seja o nome do Senhor,
Bendito seja o teu glorioso nome.

Bendito seja o teu nome quando o sol estiver brilhando sobre mim,
Quando o mundo for “como ele deve ser”,
Bendito seja o teu nome.
E bendito seja o teu nome na estrada marcada pelo sofrimento,
Embora haja dor na oferta,
Bendito seja o teu nome.

Cada bênção que derramas eu transformarei em louvor,
E, quando as trevas me envolverem, Senhor,
Ainda assim eu direi:

Bendito seja o nome do Senhor,
Bendito seja o teu nome.
Bendito seja o nome do Senhor,
Bendito seja o teu glorioso nome.

Tu dás e tomas de volta,
Tu dás e tomas de volta,
O meu coração decidirá dizer:
"Senhor, bendito seja o teu nome".

Introdução

Alguns anos atrás, em um período sabático, começamos a escrever uma pequena canção intitulada "Bendito seja o teu nome". Girando em volta dos temas de adoração, sofrimento e soberania de Deus, a música nasceu de uma profunda convicção de que, seja diante da dor ou da alegria, adorar a Deus sempre é a melhor decisão. A música foi a trilha sonora de grande parte da nossa jornada com Deus — tempos de dificuldades em que ele sempre se mostrou fiel, e tempos de rejeição e abuso em que ele se mostrou mais próximo do que podíamos imaginar que estivesse. Pela graça de Deus, havíamos visto bastante para confiar nele — não importavam quão escuras as coisas parecessem. E da confiança nasceu a adoração.

Desde que escrevemos a canção, ouvimos inúmeras histórias sobre como o povo de Deus respondeu em confiança e louvor — em algumas das mais duras circunstâncias da vida que se pode enfrentar. Cartas, conversas e *e-mails* desvendaram muitas histórias de abuso, rejeição e dor — ou histórias daqueles que perderam pessoas amadas nas mais chocantes circunstâncias. Entretanto, há um tema comum unindo todos esses relatos — uma decisão de prosseguir com uma vida de louvor em meio a um mundo de dor. Todos esses adoradores encontraram-se cercados pelas tempestades da vida e, mesmo assim, decidiram responder a Jesus com um clamor fiel no coração, que diz

"Bendito seja o teu nome". Venha chuva ou sol, venha dificuldade ou tranquilidade, venha confusão ou clareza, eles são um exército de adoradores que tomam diariamente a decisão de responder a Deus com uma devoção inabalável. Este livro é para todos aqueles que desejam ser contados entre esse grupo inspirador de adoradores.

Matt e Beth Redman

Deus permanece tão fiel como no dia em que ele criou você em amor e tão poderoso como no dia em que ele chamou o mundo à existência.

um

O meu coração decidirá dizer

A adoração é sempre uma decisão. Por vezes, é uma decisão fácil e direta. Quando a vida está em paz e sem dor, a decisão de responder a Deus com ação de graças e louvor pode não ser muito difícil. Em outros momentos da vida, porém, a adoração pode ser uma decisão bem mais corajosa. Em meio a um redemoinho de dor e confusão, a decisão de proclamar "Mesmo assim, eu te louvarei!" é um custoso ato de devoção. Na vida de cada adorador, haverá um momento em que a adoração encontrará o sofrimento. E são esses momentos que moldam o tipo de adoradores que nos tornaremos. Sim, louvado seja Deus por períodos de fartura e abundância na nossa vida — aqueles dias despreocupados, cheios de paz e riso. Entretanto, nós também o louvamos nos períodos de deserto — aqueles momentos escuros e tempestuosos da alma quando acabamos clamando com o salmista: "[...] Até quando, SENHOR, até quando?" (Salmos 6.3).

Assim que os desafios aparecem, a confiança deve se levantar. Quando não há nada abalando o barco, a nossa confiança em Deus raramente é testada. Períodos de calma e tranquilidade são maravilhosos, entretanto em não muito tempo os ventos se unirão e nos encontraremos mais uma vez nas tempestades da vida. A pergunta, então, é: Ainda conseguiremos encontrar o caminho para o lugar de louvor? Teremos fé para crer em Deus como Senhor da *calma* — mas também para crer nele como Senhor da *tempestade*? Ele é o Senhor tanto do furacão quanto da brisa suave. É aquele que reina e governa em meio a todos os terremotos desta vida — aqueles momentos em que o nosso mundo é abalado e parece desmoronar.

Para cada um de nós, crescer não foi uma jornada fácil. Os anos da nossa infância e adolescência foram marcados por separação e perda. Agora, olhando para trás, as nossas pequenas histórias são um testemunho da natureza resgatadora e restauradora de Deus.

Matt Redman

Durante os primeiros sete anos da minha vida, fui uma criança despreocupada e feliz. Tudo isso mudou em uma noite em março de 1981 em que o meu pai morreu de repente. Foi um momento chocante e, olhando para trás agora, ainda posso reviver o momento em que me contaram de sua morte. Poucos anos depois, descobri que na verdade ele cometera suicídio — o que foi, de certa forma, um novo choque e despertou mais perguntas dolorosas. Seria por algum motivo relacionado a mim? Ele não nos amava o suficiente para permanecer por perto? No entanto, pela graça de Deus, essa época dolorosa me aproximou, não me afastou, de Deus.

Um ou dois anos depois, minha mãe (ela mesma uma apaixonada seguidora de Cristo) casou-se novamente — e, a princípio, parecia que eu tinha um novo pai. Entretanto, depois de poucos anos, as coisas ficaram amargas e logo descobrimos que ele não era o homem de integridade e fidelidade que afirmava ser. Depois de nos maltratar como família e abusar da minha confiança, foi forçado a partir. E mais uma vez ficamos "sem pai".

Nesses períodos de trevas da alma, a fé ou é fortalecida ou é destruída. Contentamento e confiança nos edificam. Amargura e reclamação nos destroem. A história está repleta de pessoas que escolheram o caminho da amargura e se encontraram em um lugar ainda pior do qual iniciaram. Mas adoradores sábios têm consciência de que o único caminho saudável a seguir é reunirem tudo o que conhecem sobre Deus e o transformarem em confiança e louvor. Por sua graça, mesmo naqueles anos iniciais da adolescência, eu vivera o suficiente para saber que Deus era bom — e que o tempo mostraria que ele estava no controle. Ao olhar para trás, posso ver seu coração de Pai e sua mão soberana durante todo aquele período da minha vida. A passagem do tempo demonstrou aquilo que durante todo o tempo eu sabia ser verdade — que Deus sempre está mais perto e é mais bondoso do que percebemos. Ele é um pai para os órfãos.

Beth também teve uma infância penosa, ameaçada e abusada por pessoas que deveriam ser confiáveis. O segredo para nós dois foi que havíamos visto o suficiente de Jesus para poder suportar o fardo. E, embora o inimigo tivesse tentado usar essas circunstâncias ruins para contradizer a bondade de Deus na nossa mente e no nosso coração, pela graça de Deus percebemos que o Senhor era forte o suficiente para continuarmos confiando — mesmo em períodos nos quais nada parecia fazer sentido.

Tais momentos são como um caso de enjoo espiritual, o tipo de enjoo causado pelo movimento que sentimos quando andamos de carro e os nossos sentidos parecem estar se contradizendo.

Por exemplo, quando você decide ler um livro enquanto viaja. Os sensores de movimento nos nossos ouvidos dizem que você está se movendo rapidamente — entretanto, seus olhos relatam que não está. É um caso de sentidos conflitantes. Uma forma de curar o enjoo é aumentar as evidências do que você sabe que está certo. Por exemplo, abaixar o vidro e espichar a mão para fora de um carro em movimento ajudará a confirmar para o cérebro que de fato você está em movimento.

O mesmo princípio é válido para a vida espiritual. Podemos atravessar períodos de dor em que tentamos desesperadamente nos agarrar ao que sabemos ser verdadeiro sobre Deus e, mesmo assim, continuamos confusos com relação à dificuldade que estamos enfrentando. O nosso conhecimento das Escrituras nos diz que Deus é eternamente bom; mas, ao mesmo tempo, uma situação muito difícil parece gritar exatamente o oposto. Em pouco tempo, encontramo-nos em uma situação de enjoo espiritual causado por movimento — vivendo na tensão entre o que sabemos ser verdade e a profunda dor que parece contradizer essa verdade.

O segredo é enfatizar o que lá no fundo sabemos ser verdadeiro, acrescentando revelação extra. Falando em termos espirituais, abaixe a janela e estique a mão para fora. Abra a Bíblia e alimente-se das verdades e da fidelidade de Deus. Fortaleça o seu entendimento sobre os caminhos de Deus enquanto você lê. Seja encorajado pela vida daqueles que decidiram confiar no poder, na graça e no propósito de Deus em meio às horas mais escuras. Examine o agir de Deus na sua própria vida e na vida daqueles que você sabe que o amam.

Constate com que frequência Deus derramou o óleo da bondade em tempos de dificuldade, como em muitas ocasiões ele resgatou você aparentemente no último momento possível — ou transformou alguma coisa que na ocasião parecia que jamais conduziria a frutos abundantes. Todas estas coisas edificam a nossa fé. E a fé sempre avivará as chamas da adoração.

O livro de Lamentações nos dá um grande exemplo de um adorador que passou pela dor e mesmo assim usou a lembrança como um caminho para o louvor. *A Mensagem* descreve essa situação com as seguintes palavras: "Lembro de tudo [...] o sentimento de chegar ao fundo do poço. Mas há outra coisa que lembro e, *ao lembrar, continuo agarrado à esperança*" (3.20,21, grifo nosso).

Que modo fantástico de dar voz a este princípio poderoso! A disciplina de lembrar ajuda a nos agarrarmos à esperança e a encontrar o caminho do louvor. Nos versículos seguintes desse capítulo, o autor relembra à sua alma: "O amor leal do Eterno não pode ter acabado, Seu amor misericordioso não pode ter secado. Eles são renovados a cada manhã [...]" (3.22,23, *A Mensagem*).

Voltando ao exemplo do enjoo no carro, aqui o adorador está conscientemente abaixando o vidro e espichando a mão para fora a fim de reforçar e fortalecer o que o seu coração, no íntimo, sabe ser verdadeiro sobre Deus.

O autor de Lamentações não estava sozinho em sua técnica para edificar a fé. Os salmistas praticavam constantemente essa disciplina. Em muitos salmos, o autor relembra a história da fidelidade de Deus como uma ponte para a adoração e a esperança. O salmo 13, por exemplo, inicia-se com um clamor desesperado, mas termina com a lembrança da ação de Deus na vida do salmista:

> Até quando, Senhor?
> Para sempre te esquecerás de mim?
> Até quando esconderás de mim o teu rosto?
> Até quando terei inquietações
> e tristeza no coração dia após dia?
> Até quando o meu inimigo triunfará sobre mim? (v. 1,2)

São cinco perguntas urgentes de um adorador ansiando ser livre do sofrimento. Entretanto, o salmista termina a canção com a decisão de crer e confiar na natureza poderosa e misericordiosa do seu Deus:

> Eu, porém, confio em teu amor;
> o meu coração exulta em tua salvação.
> Quero cantar ao Senhor
> pelo bem que me tem feito (Salmos 13.5,6).

Aqui, o salmista nos ensina uma bela verdade: *A lembrança traz regozijo.*

Ao longo do tempo, o povo de Deus encontrou força agindo assim. Pegue, por exemplo, o autor do velho hino *The Solid Rock* [A Rocha Sólida] — uma canção profundamente enraizada na verdade de um Salvador inabalável e que não muda: Quando as trevas encobrem seu rosto amável, descanso em sua graça imutável.[1]

Em outras palavras, nos momentos de dor, em que parece que não conseguimos enxergar, e em que as nuvens da ansiedade e do medo se fecham sobre nós, o caminho a seguir é recordar-nos daquilo que é verdadeiro e em que podemos nos firmar — a imutável graça de Deus.

É um pouco como olhar para a Lua. Todos nós já vimos uma lua cheia e sabemos um pouco sobre sua forma. Mas nem sempre a enxergamos dessa forma. Algumas noites, vemos a Lua pela metade; outras vezes, apenas uma pequena fatia da Lua; e, em outras ocasiões, não enxergamos praticamente nada — apenas um fraco contorno escondido por um céu noturno nublado. Todavia, mesmo quando a nossa visão da Lua está obstruída, permanecemos convencidos de

[1] Mote, Edward. The Solid Rock. In: **The Celebration Hymnal.** n.p.: Word Music and Integrity Music, 1997. Música 526.

sua existência e de sua verdadeira forma em razão do que vimos no passado. O mesmo é válido para a nossa caminhada como adoradores de Jesus. Às vezes, circunstâncias dolorosas parecem obstruir a nossa visão de Deus e de sua bondade. Mas nós já vimos a forma do Senhor muitas vezes antes, na nossa vida e nas Escrituras, e sabemos que ele permanece tão bom e gentil como sempre foi. Ao enfrentar momentos desafiadores, um adorador sábio olha além da forma do Senhor — recordando as maravilhas de sua natureza e de seus atributos que revigoram a alma — e, assim, encontra um caminho ao lugar de adoração. O nosso Pai no céu tem um histórico incrível.

Ao enfrentar angústia e desespero, o salmista falava consigo mesmo. A fim de encontrar força e esperança, ele repetidamente falava à sua alma, recordando-se de que havia alguém que poderia salvá-lo. Por duas vezes ele exclama no salmo 42:

> Por que você está assim tão triste,
> ó minha alma?
> Por que está assim tão perturbada
> dentro de mim?
> Ponha a sua esperança em Deus!
> Pois ainda o louvarei;
> ele é o meu Salvador e o meu Deus (v. 5,11).

Se você está passando por um período de lutas, pare por um momento e lembre-se do Deus que vê sua batalha. É possível falar à sua alma e levá-la para um lugar de esperança. Nós adoramos um Salvador triunfante, um Rei vitorioso, o Deus todo-poderoso e todo-amoroso, que é fiel em tudo o que diz e gracioso em tudo o que faz, aquele que nunca está ansioso ou sobrecarregado e que nunca foi superado, o Deus das promessas inquebráveis. Quando ele age, ninguém pode reverter. Quando ele fala, suas ordens nunca retornam vazias. É o Deus que nunca desperdiça palavras. As portas que ele decide abrir, ninguém pode fechar; e as portas que ele pretende fechar, ninguém pode abrir. Nenhum de seus planos jamais se frustrou. Ninguém jamais o superou, ninguém viveu ou amou mais do que ele. Ele permanece tão fiel como no dia em que criou você em amor e tão poderoso como no dia em que chamou o mundo à existência. E, quando você está quebrantado, ele permanece tão próximo e interessado quanto você poderia desejar.

Adorar a Deus é dizer a ele que cremos naquilo que ele diz ser. Cada dia deparamos com a decisão de reconhecê-lo e proclamá-lo como o grande e misericordioso Deus que ele declara ser, ou então o negar. Por mais forte que possa soar, a verdade é esta: Se negarmos alguma coisa boa sobre Deus, automaticamente atribuímos a ele algo de ruim. Se negarmos a soberania e o poder de Deus, sugerimos, em certa medida, que ele é fraco e perdeu o controle. Se não conseguimos confiar que ele é completamente misericordioso, então, pelo menos em parte, estamos sugerindo que ele tem um traço de egoísmo e descaso. A verdade é que não há meio-termo. Ou ele é o Deus todo-poderoso e todo-amoroso que sua Palavra declara que ele é, ou ele não é.

Isso pode parecer duro demais. Por favor, compreenda isso no contexto da incrível riqueza de paciência, bondade, gentileza e compaixão armazenadas para nós no coração de Deus. Pois, em sua graça maravilhosa, o nosso Pai celestial encontra prazer mesmo na mais quebrantada e frágil de nossas ofertas — da mesma forma que um pai terreno se alegrará ao receber um presente simples, mas sincero de seu filho pequeno. Entretanto, esse é apenas um lado do mistério, pois o nosso Deus também é o Rei majestoso e santo — digno de confiarmos e crermos nas verdades maravilhosas que ele declara a seu respeito. Ele deseja e exige fé, confiança e obediência — ele quer adoradores que firmem sua vida nas verdades sobre a natureza e os atributos de Deus.

Observe a postura do coração de um prisioneiro de um campo de concentração nazista que rabiscou as seguintes linhas na parede de sua cela:

> Eu creio no Sol,
> Mesmo quando ele não está brilhando.
> Eu creio no amor,
> Mesmo quando não o sinto.
> Eu creio em Deus,
> Mesmo quando ele está em silêncio.[2]

Sim, cada ato de adoração é uma decisão — uma decisão de crer e responder a Deus por aquilo que ele declara ser — não importa quão difíceis sejam as circunstâncias. E, quanto maior for a dor que estamos experimentando, maior será a decisão. Por vezes, caminharemos às cegas, incapazes de entender por que estamos passando por determinada situação — o nosso único conforto será saber que Deus não está caminhando às cegas; pelo contrário, ele está no controle com sabedoria, bondade e firmeza. De fato, como começaremos a ver, muitas vezes o nosso Pai celestial tomará os nossos momentos de quebrantamento e os tecerá em uma poderosa tapeçaria para a glória de seu nome.

Questões para reflexão:

1. Este capítulo fala sobre o desconforto que sentimos quando circunstâncias ruins entram em conflito com a nossa compreensão da bondade de Deus, e chama esse

[2] Anônimo. In: PYTCHES, David. **Can Anyone Be a Leader?** Trowbridge, UK: Eagle Publishing, 2004. p. 43.

desequilíbrio de "enjoo causado por movimento espiritual". Escreva diversas verdades espirituais — talvez versículos que você tenha memorizado — que podem ser trazidos à sua lembrança para enfatizar o que você sabe que é correto.

2. "A lembrança traz regozijo." Pense em algumas vezes de seu passado que Deus revelou sua bondade e seu amor para você. Você pode pensar em alguma forma de manter vivas essas memórias quando estiver lutando contra a dúvida e a dor?
3. "A adoração é uma decisão." Você consegue pensar em algo que poderia fazer hoje para o ajudar a decidir por adorar, ou, como Matt e Beth disseram, a "encontrar o caminho para o lugar de louvor"?

A Igreja de Deus precisa das canções de lamento tanto quanto precisa das canções de vitória.

dois

O caminho marcado pelo sofrimento

No dia 15 de setembro de 2001, voamos para Los Angeles a fim de começar um período sabático na Califórnia. Quatro dias antes, tínhamos assistido, chocados, com o resto do mundo, aos terríveis acontecimentos do Onze de Setembro que abalaram uma nação. Nos dias e semanas seguintes, nos Estados Unidos, ao assistirmos os noticiários, falarmos com vizinhos e visitarmos muitas igrejas diferentes, o efeito dos ataques terroristas começava a se revelar diante de nós. O quebrantamento estava em toda parte, e muitas pessoas buscavam algum tipo de conforto na igreja. A proprietária da casa em que estávamos, que poucas semanas antes se havia mudado para Manhattan, colocou os pés dentro de uma igreja pela primeira vez desde a infância. Nas semanas que se seguiram àqueles ataques, a frequência às igrejas em todos os Estados Unidos aumentou dramaticamente.

Durante esse período, tivemos o privilégio de visitar muitas congregações diferentes. Fomos inspirados e impressionados pelos pregadores. Praticamente a todo lugar em que íamos os pastores pregavam sermões bíblicos e poderosos, falando à dor da nação. Com eloquência e poder, eles expressavam o coração de Deus a um povo chocado e vulnerável — e recordavam a força e soberania de Deus. Mas praticamente em todos os lugares que visitávamos uma pergunta preocupante começava a surgir: Onde estavam os compositores em um momento como esse? Onde estavam os poetas e profetas musicais para ajudarem o povo de Deus a encontrar uma voz de adoração naquele período trágico? A verdade é que, na maioria dos lugares que visitamos (ou em que conduzimos a adoração), havia uma notável falta de canções apropriadas para esse momento. Como compositores e líderes de adoração, tínhamos algumas expressões de esperança à disposição, mas, quando se tratava de expressões de dor e lamento, havia pouquíssimo vocabulário para dar voz ao clamor do coração. Em algumas ocasiões, encontramos uma canção útil para os tempos de vulnerabilidade — mas, na maior parte das vezes, parecia que nós e muitos dos nossos companheiros na liderança da adoração estávamos lutando para encontrar o tom correto. A verdade é que a Igreja de Deus precisa das canções de lamento tanto quanto precisa das canções de vitória.

Não foi a primeira vez que notamos essa lacuna. Anteriormente, havíamos voado até San Diego, Califórnia, para uma conferência de adoração — apenas poucos dias depois de um terrível incidente com um atirador em uma escola no coração da cidade. Como estaríamos na cidade durante um dos cultos em memória daqueles garotos, pediram-nos que conduzíssemos a adoração para alguns alunos e suas famílias. Aceitamos imediatamente e logo começamos a pensar em que canções poderiam ser mais adequadas ao sentimento do momento. A música de David Ruis, "A quem tenho eu senão a ti?", foi uma dádiva, e o hino "Graça maravilhosa" — principalmente o verso sobre "perigos, dificuldades e ciladas" — também teve um papel importante.[1]

[1] NEWTON, John. Amazing Grace. In: **The Celebration Hymnal.** n.p.: Word Music and Integrity Music, 1997. Música 343.

No entanto, mais uma vez, de certa forma nos vimos sem recursos — lutando para encontrar mais canções que ajudassem a comunidade a responder a Deus de forma bíblica, saudável e honesta naquele momento.

Poucas semanas depois do Onze de Setembro, escrevemos a canção de adoração "Bendito seja o teu nome". Ela não foi escrita conscientemente em resposta àqueles eventos sombrios — mas, sem dúvida, estar imersos no clima espiritual e emocional daqueles dias foi um fator importante para seu surgimento. Muitas pessoas perguntam se houve algum evento especial que nos levou a escrever a música e, para dizer a verdade, a resposta é não. É realmente uma música que nasceu de uma vida inteira — a percepção de que todos nós enfrentamos períodos de dor ou incerteza. E nesses períodos precisamos encontrar a nossa voz diante de Deus. A Igreja (e, de fato, o mundo) precisa de suas músicas de lamento.

O povo de Deus sempre teve seus lamentos. O livro de Salmos está cheio de emoções e impressões intensas para com Deus. Muitos dos salmos nasceram em momentos de luta e sofrimento. O salmo 3 foi escrito enquanto o rei Davi fugia de seu próprio filho, Absalão, para salvar a vida. O salmo 56 foi inspirado quando os filisteus o capturaram em Gate. No salmo 57, Davi está fugindo novamente, dessa vez de Saul — e escreveu a música enquanto estava escondido em uma caverna. Há canções nascidas no fogo da aflição. Elas são o grito desesperado de um adorador no caminho marcado pelo sofrimento. De fato, Eugene Peterson estima que 70% do conteúdo do livro de Salmos seja baseado em lamento.[2]

Portanto, claramente, é muito bíblico cantar canções de lamento em adoração. Também é muito relevante para cantarmos, pois vivemos em um mundo cheio de angústia e sofrimento. Como cristãos,

2 Peterson, Eugene. **The Message of David.** London: Marshall Pickering, 1997.

sim, nós vivemos em vitória, mas, paradoxalmente, também vivemos como estrangeiros em uma terra estranha, ansiando por voltar para casa, cientes de que o mundo que vemos diante de nós não é como deveria ser. A pergunta, então, é esta: Se as canções de lamento são, em primeiro lugar, completamente bíblicas e, em segundo, extremamente relevantes, então por que motivo não há mais canções para nos ajudarem a dar voz a esses lamentos?

Como escreveu Frederick W. Schmidt Jr., esses salmos fazem três coisas:

> Eles nos dão permissão de fazermos as nossas próprias perguntas sobre o sofrimento. Eles servem de modelo para a possibilidade de fazermos perguntas que, de outra forma, poderíamos reprimir, mas que nunca nos deixariam. E são um exemplo de como essas perguntas podem ser feitas sem temor de comprometermos o nosso relacionamento com Deus e com outras pessoas.[3]

Essas canções não apenas nos ajudam a sermos "reais" na adoração, mas como destaca Mark Greene, do Instituto de Cristianismo Contemporâneo de Londres, elas também nos ajudam a sermos solidários com a dor do mundo.[4]

Algumas pessoas podem argumentar que o lamento não é uma expressão apropriada quando nos reunimos para adorar. Elas questionam: "Como podemos responder nesse tom quando nem todos podem estar se sentindo assim?". Mais uma vez, Mark Greene pode nos ajudar, destacando que pensar assim é muito individualista.[5] A nossa reunião de adoração é um evento comunitário e,

[3] Schmidt Jr., Frederick W. **When Suffering Persists.** Harrisburg, PA: Morehouse Publishing, 2001. p. 26.

[4] Greene, Mark. Palestra em conferência de compositores. UK, novembro, 2004.

[5] Ibidem.

portanto, nós lamentamos e choramos com os que choram. Se não estamos lamentando em determinada ocasião, talvez possamos cantar para nos identificarmos com alguns na nossa igreja (ou mesmo no mundo) que estão lamentando. Talvez em outra ocasião eles estejam em um lugar mais agradável e mesmo assim cantem e clamem a Deus em solidariedade à nossa dor. Como Paulo nos faz lembrar em 1Coríntios 12.26: "Quando um membro sofre, todos os outros sofrem com ele [...]".

Para os que estão em situação de dor, é libertador compreender que podemos fazer perguntas ao adorar. O próprio Jesus (o nosso modelo de perfeita adoração) agiu assim quando sofreu as agonias da cruz. O Rei dos reis crucificado pronunciou palavras de um salmo de lamento enquanto estava pendurado em agonia: "Meu Deus! Meu Deus! Por que me abandonaste? [...]" (Salmos 22.1; Marcos 15.34).

Pedidos de socorro e perguntas dolorosas estão dentro dos limites da adoração bíblica e saudável. Os salmos são um exemplo disso em muitas ocasiões. Entretanto, eles também são modelo da fundamental e adoradora confiança em Deus. O clamor de seus escritores, por mais alto e longo, por mais escuro e desesperado, nunca perambula pelo território da acusação. Os salmistas nunca sugerem que Deus talvez não seja quem ele diz ser. E, como observa Frederick Schmidt Jr., os escritores "esforçam-se, buscam entendimento e agem de acordo com o que aprendem. Mas obter respostas para seus questionamentos não é a base do relacionamento deles com Deus".[6]

Embora a confiança possa lhes ser tirada e embora esses adoradores possam estar lutando para reunir força e fé, eles nunca trafegam pela desesperança. Profunda fraqueza e desespero, sim. Entretanto, mesmo em seus momentos de maior desespero, sempre

[6] SCHMIDT JR., Frederick W. **When Suffering Persists.** Harrisburg, PA: Morehouse Publishing, 2001. p. 28.

há uma subcorrente de esperança — uma convicção de que, mesmo que estivessem no vale da sombra da morte, Deus é tudo o que afirma ser. Ele é tanto pastor como fortaleza — o Deus de incomparável compaixão e força inigualável.

Deus tem prazer em tais ofertas — uma confiança básica em sua bondade e grandeza — quando as circunstâncias ao redor parecem desvanecer diante do que cremos. Talvez da mesma forma que uma semente de fé é suficiente para mover uma montanha poderosa, assim também uma semente de esperança e confiança é suficiente para mover o coração do Deus todo-poderoso.

O nosso bom amigo Tim Hughes escreveu uma canção poderosa que gira em torno desse tema de lamento e questionamento — todavia, ela é marcada por uma confiança subjacente, que nunca está muito abaixo da superfície. O clamor por respostas do verso nos permite ser verdadeiros perante Deus e confessar, no nosso quebrantamento, que a nossa vida não é tão ordenada quanto gostaríamos que fosse:

> Eu fiz perguntas, sem respostas,
> Eu conheci a tristeza, eu conheci o sofrimento.

Todavia, logo depois vêm palavras radiantes, lembrando-nos de como um coração quebrantado pode seguir adiante em adoração:

> Quando a esperança está perdida, eu te chamo de Salvador.
> Quando a dor me cerca, eu digo que tu és aquele que cura.[7]

Quando nos sentimos abandonados ou sem esperança, devemos declará-lo como Salvador. E, quando somos dominados pela angústia e pela dor, devemos nos lançar aos pés daquele que cura.

[7] Hughes, Tim. **When the Tears Fall.** © 2003 Thankyou Music/Adm. by worshiptogether.com songs. Excl. UK & Europe, adm. By Kingsway Music: tym@kingsway.co.uk. Used by permission.

Quando as circunstâncias parecem dizer algo diferente, o remédio é confessar, o mais rápido possível, aquilo que sabemos ser profundamente verdadeiro sobre Deus.

É importante observar que, agindo assim, não estamos *barganhando* com Deus. Não é o mesmo caso de "Eu coço suas costas se você coçar as minhas" ou, em outras palavras, "Eu o chamo de Salvador se o Senhor concordar em me curar". Em vez disso, estamos declarando que Deus é quem ele diz ser e nos entregando à sua misericórdia e ao seu bom julgamento. Em sua sabedoria e bondade infinitas, Deus pode muito bem nos trazer a cura. Mas talvez tenhamos de esperar um pouco para ver a situação mudar. Ou talvez nunca sejamos curados deste lado do céu. E, se não formos, Deus não se tornou nem um pouco menos sábio ou misericordioso. De fato, um dia poderemos compreender por nós mesmos quão misericordioso e sábio ele foi em recusar uma cura. Estamos inteiramente nas mãos de sua grande misericórdia e sabedoria.

A história de Sadraque, Mesaque e Abede-Nego no livro de Daniel mostra claramente essa atitude. Ao recusarem curvar-se em adoração diante de qualquer outro que não o Deus deles, esses adoradores foram ameaçados com uma fornalha ardente — era a morte certa aos olhos de seu agressor e de todos que os cercavam. Recusando-se a dobrar os joelhos diante de repetidas ameaças, eles declararam:

> Se formos atirados na fornalha em chamas, o Deus a quem prestamos culto pode livrar-nos, e ele nos livrará das tuas mãos, ó rei. *Mas, se ele não nos livrar*, saiba, ó rei, que não prestaremos culto aos teus deuses nem adoraremos a imagem de ouro que mandaste erguer (Daniel 3.17,18, grifo nosso).

É claro que a história termina com a sobrevivência dos três ao fogo — sem que um fio de cabelo da cabeça lhes fosse queimado e sem que eles ficassem com nem mesmo cheiro de fogo. O mais importante a destacar, contudo, é que a atitude deles é um ótimo modelo para nós como adoradores. Nas nossas horas mais escuras, devemos proclamar Jesus como aquele que é suficientemente poderoso para curar e suficientemente misericordioso para resgatar. Mas em todo esse tempo devemos ter a convicção subjacente de que, mesmo se por algum motivo não formos libertados da nossa luta, a nossa adoração não vacilará. Podemos até chegar a enfrentar as nossas próprias fornalhas ardentes — seja perseguição ou outras formas de sofrimento. E o princípio é o mesmo para nós como foi para aqueles amigos de Daniel milhares de anos atrás. Descansamos em adoração em uma visão elevada da soberania de Deus e em um conhecimento profundo do coração do Pai.

Em um momento ou outro, todos nós experimentaremos os dois lados da situação — tempos em que Deus concede os nossos pedidos por cura ou resgate e tempos em que ele decide não conceder. Enquanto escrevo este livro, estamos no meio de um recente e ainda doloroso exemplo disso, após enfrentarmos o terceiro aborto sucessivo.

Beth Redman

Quando Matt e eu sofremos a perda de um bebê atrás do outro, começo a fazer o que tantos de nós fazem quando estamos em situação de dor — observamos como os outros ao redor são prósperos e abençoados. Como pessoas que nem tentam honrar a Deus parecem ter uma vida tão frutífera e sem nenhuma dificuldade. Eu me senti extremamente desanimada e confusa. Tudo parecia estar de cabeça para baixo: tentar viver corretamente diante de Deus e buscar ser humilde e obediente para, em consequência, receber apenas sofrimento. O salmo 73 resume tudo isso para mim:

Quanto a mim, os meus pés quase tropeçaram;
    por pouco não escorreguei.
Pois tive inveja dos arrogantes
    quando vi a prosperidade desses ímpios.
Eles não passam por sofrimento
    e têm o corpo saudável e forte.
Estão livres dos fardos de todos;
não são atingidos por doenças
    como os outros homens. [...]
Certamente me foi inútil
    manter puro o coração
    e lavar as mãos na inocência (v. 2-5,13).

Ver o corpo pequenino de um bebê, sem vida, em um monitor, sem batimento cardíaco; e, então, em um estágio inicial de gravidez, ter de passar por um semiparto e entregar aquele bebê de volta para Jesus — esse foi um dos momentos mais difíceis da minha vida. Por que isso estava acontecendo? Depois, perder mais dois bebês, em sequência, mesmo tendo buscado tanto a Deus, era praticamente mais do que eu poderia suportar. A amargura começou a acenar e, mais uma vez, o salmo 73 parecia descrever perfeitamente minha dor: "[...] minha atitude para contigo era a de um animal irracional" (v. 22).

Na fase inicial do meu primeiro aborto, eu me escondi, lutando em oração. Enquanto perdia fisicamente o meu bebê, eu implorava a Deus, pois sabia que ele tinha poder para impedir isso. Eu era como Ana no templo implorando e chorando pelo bebê que desejava. Eu sabia que, em um instante, o bebê poderia ser restaurado, e a gravidez poderia continuar. Deus demonstraria misericórdia e favor a nós como havia demonstrado a Ana?

Chegou, porém, o momento em que eu soube que tudo estava terminado, e o bebê estava perdido. Daquele momento em diante, comecei a identificar-me mais com a história do rei Davi — que perdeu um filho depois de muita oração e petição (v. 2Samuel 12). Davi aceitou a notícia da morte da criança como vontade soberana de Deus, ergueu-se do chão e o adorou. Há uma oração que diz: "Deus concede-me a serenidade de aceitar as coisas que não posso mudar", e essa foi a beleza da devoção de Davi naquele momento. Pois há um tempo para lamentar, chorar, implorar, gritar e angustiar-se. Mas há um tempo de aceitar a situação, levantar-se do chão e de alguma forma tentar adorar.

Depois do nosso segundo aborto, eu me angustiei ainda mais e percebi que só conseguia falar com Deus sobre o meu anseio por um bebê. Isso quase se transformou em um ídolo — com o meu desejo por um bebê começando a superar a minha necessidade e o meu anseio por Deus. Depois, senti-me culpada e, mais uma vez, encontrei consolo nas palavras do salmo 73:

> Contudo, sempre estou contigo;
> tomas a minha mão direita e me susténs.
> Tu me diriges com o teu conselho,
> e depois me receberás com honras.
> A quem tenho nos céus senão a ti?
> E, na terra, nada mais desejo
> além de estar junto a ti.
> O meu corpo e o meu coração
> poderão fraquejar,
> mas Deus é a força do meu coração
> e a minha herança para sempre (v. 23-26).

Pela graça de Deus, vi a situação sob uma nova perspectiva — mesmo que nunca tivesse outro bebê, Deus já me dera tudo aquilo de que preciso em Cristo Jesus.

Logo depois do nosso terceiro aborto, nós nos sentimos desafiados com as palavras de 1Tessalonicenses 5.16-18,

"Alegrem-se sempre. Orem continuamente. Deem graças em todas as circunstâncias, pois esta é a vontade de Deus para vocês em Cristo Jesus".

Em meio a esse turbilhão, é correto lamentar e é saudável expressar a Deus a nossa dor. Mas também é vontade de Deus para nós em Cristo que sejamos alegres, oremos sempre e sejamos agradecidos em todas as circunstâncias. Às vezes, é difícil demais para nós — mas, se conseguirmos nos apropriar da profunda e libertadora verdade de que estamos em Cristo Jesus, nunca poderemos estar completamente tristes. Como descreveu o apóstolo Paulo, "entristecidos, mas sempre alegres" (2Coríntios 6.10). Sim, eu ainda lamento, mas no fundo do meu coração sei que o próprio Deus é mais do que eu preciso. E também sei que, se for vontade dele segurarmos outra criança nos braços, então nenhum útero fechado, nenhuma condição que os médicos não são capazes de explicar, nenhuma barreira de idade ou condição genética poderão impedir seus planos.

Poucos anos atrás, descobrimos um antigo hino de Laurence Tuttiett — uma bela expressão de um adorador que decidira que, não importa o que acontecesse, ele estava decidido a viver para a glória de Deus:

> Pai, permite-me dedicar [toda esta vida] a ti,
> Em qualquer situação neste mundo em que tu me coloques.
> Não por livramento de tristeza, dor ou cuidados, ouso clamar,
> Esta somente será a minha oração: glorificar o teu nome.

É uma canção custosa para cantar — pois, sem uma profunda convicção na sabedoria e força soberana de Deus e em seu coração de Pai misericordioso e bondoso, é uma letra arriscada demais para proferir. O hino continua com o mesmo tema:

> Pode uma criança presumir escolher onde ou como viver?
> Pode o amor de Pai recusar-se a dar o melhor?
> Que o meu coração alegre possa, enquanto canta, proclamar a ti em tudo,
> E, o que quer que o futuro traga, glorificar o teu nome.[8]

Esta é uma oferta de adoração de peso: estar diante de Deus, prometendo escolhê-lo acima das circunstâncias desta vida, amá-lo e segui-lo, venha o que vier. Mas os que agem assim nunca se decepcionam, pois não podemos exceder Deus em generosidade.

Certamente haverá muitas coisas neste mundo caído que não compreenderemos deste lado da eternidade. E simplesmente nos firmamos no fato de que Deus é tudo o que temos, porém muito mais do que precisamos. Como John Piper escreve: "Há épocas de dor, perda, tristeza e escuridão em que não vale a pena pedir por mais nada, a não ser por Deus".[9]

Questões para reflexão:

1. Este capítulo fala sobre como o lamento não é um tema típico das canções de adoração e, mesmo assim, é um tema comum na poesia das Escrituras. Por que você acha que esse tema está "fora de moda" na nossa época?
2. O que significa, em termos práticos, "chorar com os que choram"? Pense no que você gostaria que os outros fizessem por você ou com você quando estivesse de luto e, então, pense sobre como você pode preencher esse papel na vida de outros que estão sofrendo.

[8] Tuttiett, Laurence. **Father, Let me Dedicate.** 1864. No original, a primeira linha usa *todo este ano* em vez de *toda esta vida*. Domínio público.

[9] Piper, John. **Pierced by the Word.** Sisters, OR: Multnomah, 2003. p. 40. [**Penetrado pela palavra.** São José dos Campos, SP: Fiel, 2005.]

Com frequência, o solo do nosso sofrimento se tornará a terra fértil dos nossos períodos de frutificação.

três

Embora haja dor na oferta...

Não há dúvida quanto a isto: Este mundo é um lugar difícil de viver. Todos os dias, mais de 2 mil pessoas põem fim à própria vida, suicidando-se.[1] Ninguém passa por este mundo sem ser tocado pela tragédia. Por todos os lados, há pessoas lutando para lidar com o sofrimento — tantas histórias de depressão, rejeição, doença terminal, aborto, perda e muitas outras dificuldades. Em uma escala mais ampla, a cena pode parecer ainda mais sombria. Basta olhar o noticiário para nos lembrarmos de que habitamos em um lugar hostil. Dificilmente passa-se um dia sem que uma tragédia chegue às nossas telas. Enchentes e terremotos, bombas suicidas, acidentes de trem, redes de pedófilos, câncer, guerras e fomes — a lista parece não ter fim.

As estatísticas nos proporcionam ainda mais evidência de um mundo enfermo. Somente na África subsaariana, cerca de 25,4 milhões de pessoas estão infectadas com HIV; somente no ano de 2004, estima-se que 2,3 milhões de pessoas naquela região morreram de aids.

1 Mental Health. **World Health Organization.** 2005. Disponível em: <htpp://www.who.int/mental_health/en/>. Acesso em: 04 mai. 2005.

De fato, em nove países africanos, a expectativa de vida caiu para menos de 40 anos de idade.[2]

Se não prestarmos atenção, essas notícias e estatísticas em pouco tempo não passarão de uma lista de fatos e números para nós. Mas esses relatos referem-se a pessoas reais — indivíduos lutando para manter a vontade de viver enquanto carregam seus fardos pesados pela estrada do sofrimento. E o Deus do céu, que se compadece de todos aqueles que criou, está chorando com eles.

A adoração sadia nunca minimiza a dor deste mundo. Seria muito fácil cantar as nossas músicas de vitória varrendo para baixo do tapete as dificuldades desta vida. Uma abordagem mais saudável é reconhecer diante de Deus a dor desta vida e, então, decidir permanecer com ele em meio à dor; e, em vez de tentar negar ou de alguma forma elevar-se superficialmente acima da dor, recebê-lo na realidade da situação. Para alguns de nós, a adoração exige uma corajosa perseverança e nela decidimos diariamente escolher pelo valor e pelos caminhos de Deus acima da dor da batalha.

Entretanto, a adoração saudável, embora não desconsidere a dor, também não desconsidera a alegria. Mesmo em meio à profunda dor, sempre há esperança. Pois, se vivemos em Cristo, nunca poderemos estar completamente sem alegria. Sim, devemos ser honestos e reais nas nossas lutas (como afirmamos, o lamento é ensinado ativamente nas Escrituras). Mas não devemos afundar no poço do desespero e desistir de lutar, desconsiderando tudo o que sabemos sobre Deus e desprendendo-nos de sua natureza misericordiosa e bondosa. Se agimos assim, perdemos o que nos distingue como seguidores de Cristo, e as nossas canções não têm diferença das canções fúnebres e desesperadas do mundo que nos cerca — algumas

[2] Africa Fact Sheet. **UNAIDS**. 3 de abril, 2005. Disponível em: <http://www.unaids.org/EN/media/fact+sheets.asp>. Acesso em: 04 mai. 2005.

das quais começam na dor, terminam na dor e nunca têm esperança de caminhar para outro lugar.

A diferença do cristão é que ele não apenas aceita a dor como fato da vida, mas também aprende a ser grato nessa ocasião: "Deem graças em todas as circunstâncias, pois esta é a vontade de Deus para vocês em Cristo Jesus" (1Tessalonicenses 5.18).

Embora certamente nunca celebraremos a dor por si própria, pela tela das Escrituras e pela tapeçaria da nossa própria vida, começamos a reconhecer que, em tempos de angústia, Deus sempre está próximo e agindo mais do que percebemos. Embora haja dor na oferta, clamamos: "Bendito seja o teu nome" — e, não muito tempo depois, com frequência começamos a testemunhar o fruto de tudo o que ele realizou em nós e por meio da nossa vida durante esses períodos de luta. O autor de Tiago expressou essa ideia da seguinte forma:

> [...] considerem motivo de grande alegria o fato de passarem por diversas provações, pois vocês sabem que a prova da sua fé produz perseverança. E a perseverança deve ter ação completa, a fim de que vocês sejam maduros e íntegros, sem que falte a vocês coisa alguma (Tiago 1.2-4).

Ao longo do Novo Testamento, descobrimos que os escritores dessas cartas repetidamente reforçam a mesma linha de ensino. Em 1Pedro 1.7, o texto diz que as nossas tribulações temporárias vieram para que "fique comprovado que a fé que vocês têm, muito mais valiosa do que o ouro que perece, mesmo que refinado pelo fogo, é genuína e resultará em louvor, glória e honra, quando Jesus Cristo for revelado". O apóstolo Paulo não suportou de má vontade as adversidades, mas, por causa de Cristo, alegrou-se nelas — porque conhecia uma verdade profunda: "[...] Pois, quando sou fraco, é que sou forte" (2Coríntios 12.10).

O livro de Hebreus nos encoraja a ver a dificuldade como disciplina — argumentando que tudo isso faz parte da honra de ser filho de Deus:

> Suportem as dificuldades, recebendo-as como disciplina; Deus os trata como filhos. Ora, qual o filho que não é disciplinado por seu pai? Se vocês não são disciplinados, e a disciplina é para todos os filhos, então vocês não são filhos legítimos, mas sim ilegítimos (12.7,8).

O autor continua:

> Nossos pais nos disciplinavam por curto período, segundo lhes parecia melhor; mas Deus nos disciplina para o nosso bem, para que participemos da sua santidade. Nenhuma disciplina parece ser motivo de alegria no momento, mas sim de tristeza. Mais tarde, porém, produz fruto de justiça e paz para aqueles que por ela foram exercitados (12.10,11).

Esses dois versículos são essenciais para a nossa compreensão de todo esse processo em Deus. O autor deixa claro que não é um caso de masoquismo; em outras palavras, nós não gostamos de passar pela dor. Nenhuma disciplina parece agradável no momento. No nosso coração, na nossa mente e no nosso corpo podemos estar lutando sob a dor e o desafio da situação. Entretanto, no profundo do nosso espírito, aprendemos a considerar tudo alegria, sabendo que podemos não apenas encontrar Cristo na situação, mas também nos tornar mais parecidos com ele por causa da dor. Não há safras perdidas na economia de Deus.

Na versão *A Mensagem*, Eugene Peterson parafraseia belamente esta passagem de Hebreus, lançando mais luz ainda sobre sua essência:

Meus filhos queridos, não desprezem a disciplina de Deus,
também não sejam esmagados por ela.
Ele disciplina o filho que ama;
o filho que ele abraça, ele também corrige (Hebreus 12.5,6).

Como certa vez C. S. Lewis escreveu: "Deus sussurra para nós nos nossos prazeres, fala na nossa consciência, mas grita na nossa dor — é seu megafone para despertar um mundo surdo".[3]

Quanto mais caminhamos pelas cartas do Novo Testamento, mais reconhecemos quanto é proeminente essa linha de ensino. Em 2Coríntios 1.8,9, Paulo reconhece que sofria para que pudesse se tornar mais dependente de Deus. E o apóstolo Pedro diz a seus leitores que tristezas e desafios vieram para que a fé deles pudesse ser provada como genuína e resultasse em "louvor, glória e honra" (1Pedro 1.7).

Hebreus 2.10 nos diz que o próprio Jesus sofreu para que se "tornasse perfeito, mediante o sofrimento". Ou como expressa a *Nova Bíblia Viva*: "E era justo e conveniente que Deus, de quem tudo provém e por meio de quem tudo existe, permitisse que Jesus sofresse, porque ao assim fazê-lo ele estava levando filhos à glória [...]". Enxergar essas coisas lança luz sobre o que pensamos a respeito dos desafios desta vida. Se procuramos ser seguidores de Jesus, aperfeiçoados e amadurecidos na fé, será que podemos realmente esperar escapar dos períodos de sofrimento, quando o Autor e Consumador da nossa fé os suportou?

Esse é um ensino difícil de muitas formas e, se não estivesse na Bíblia em uma linguagem tão clara e explícita, poderíamos achar difícil de aceitar. A verdade é que, frequentemente, quando achamos que Deus nos deixou lutando sozinhos, o oposto é que é verdadeiro — ele não abandonou a cena, mas, pelo contrário, está atuando

[3] Lewis, C. S. In: Stannard, Russell. **Why?: Why Evil? Why Suffering? Why Death?** Oxford: Lion Publishing, 2003. p. 82.

profundamente em nós. C. S. Lewis nos ajuda a compreender esse modo bíblico de pensamento:

> Nós somos [...] uma obra de arte divina, algo que Deus está criando e, portanto, algo com que ele não ficará satisfeito até ter determinado caráter. Com um rabisco feito despreocupadamente para entreter uma criança, um artista pode não se preocupar muito: ele pode ficar satisfeito em entregá-lo mesmo que não esteja exatamente como pretendia. Mas com o grande retrato de sua vida — a obra que ele ama [...] ele tem incessante trabalho — e isso iria, sem dúvida, causar incessante trabalho em prol do retrato [...]. Podemos imaginar um retrato depois de ser apagado e descartado e recomeçado pela décima vez, desejando que fosse apenas um simples rascunho que estaria pronto em um minuto. Igualmente, é natural que nós desejemos que Deus tivesse designado para nós um destino menos glorioso e menos trabalhoso; mas, então, estaríamos desejando menos, não mais, amor.[4]

Que incrível revelação desse processo! Voltemos a Hebreus 12 — aqueles a quem o nosso Pai celestial ama, ele disciplina. Às vezes, sua mão pode ser pesada sobre nós, todavia ele vem para disciplinar, não para condenar. "Portanto, agora já não há condenação para os que estão em Cristo Jesus" (Romanos 8.1).

Embora a disciplina possa não parecer agradável no momento, será bem mais fácil suportar (ou até considerar alegria e regozijo!) se, de alguma forma, na imagem mais ampla, podemos ver as pinceladas de Deus. Como comentou Madame Guyon no século XVII: "É o fogo do sofrimento que revelará o ouro da santidade".[5]

[4] Lewis, C. S. **The Problem of Pain.** San Francisco: HarperSanFrancisco, 2001. [**O problema do sofrimento. São Paulo: Vida, 2006.**]

[5] Guyon, Madame Jeanne Marie de la Mothe. In: **NIV Worship Bible.** Grand Rapids, MI: Zondervan, 2000. p. 59.

Uma palavra de advertência: Não estamos tentando defender que todo tipo de sofrimento é simplesmente uma bênção disfarçada. Esse seria um ponto de vista insensível, especialmente à luz de grandes tragédias mundiais, como Auschwitz ou o relativamente recente *tsunami* no sul da Ásia. Ou mesmo à luz de algo mais individual ou pessoal, tal como a perda de uma pessoa amada. Não podemos querer explicar de forma simplista a questão do sofrimento. É algo muito mais complexo — e muitas vezes nós mesmos não conseguimos dar uma resposta satisfatória sobre por que o sofrimento acontece. Tentar ter sempre uma explicação pode nos fazer correr o risco de diminuir a experiência de sofrimento de alguém ou correr o perigo de interpretar mal o Deus todo-poderoso. Como escreveu Frederick Schmidt Jr.: "Seria arrogante ou irreverente da nossa parte afirmar que compreendemos completamente a mente de Deus".[6] Algumas situações estão muito além do nosso entendimento. E, possamos ou não traçar diretamente a atuação de Deus em determinada situação, sempre podemos encontrar conforto no fato de que ele está mais perto do que percebemos. Deus não tem o hábito de nos deixar abandonados.

Mesmo assim, com muita frequência começamos a ver Deus agindo nas mais difíceis circunstâncias. A história de José no livro de Gênesis nos proporciona um exemplo inspirador. Perto do fim da história, depois de José ter sido atacado e vendido como escravo pelos irmãos e, então, elevado à corte do faraó apenas para ser aprisionado injustamente mais uma vez, ele explica aos irmãos arrependidos sua visão dos acontecimentos: "Vocês planejaram o mal contra mim, mas Deus o tornou em bem [...]" (Gênesis 50.20).

José explica que Deus usou a situação para trazer salvação a muitas vidas. Agiremos bem se seguirmos José e adotarmos uma

[6] SCHMIDT JR., Frederick, W. **When Suffering Persists.** Harrisburg, PA: Morehouse Publishing, 2001. p. 23.

postura de coração que rapidamente reconhece a mão do Senhor atuando mesmo nos momentos de dificuldade. Anos antes, José havia aprendido essa dinâmica da atuação de Deus em meio ao sofrimento: "Ao segundo filho, chamou Efraim, dizendo: 'Deus me fez prosperar na terra onde tenho sofrido'" (Gênesis 41.52).

Esse é um princípio vital a seguir se queremos perseverar. Com frequência, o solo do nosso sofrimento se tornará a terra fértil dos nossos períodos de frutificação. Quanto mais rápido reconhecermos esse princípio agindo em várias situações, menos dolorosas elas serão. Se pudermos perceber que colheremos, teremos mais prontidão para semear com lágrimas.

Experimentamos isso em nossa própria vida — tantos momentos difíceis levaram à frutificação em nós e no Reino de Deus. O que fora planejado para o mal, Deus tornou em bem, tirando beleza das cinzas e nos tornando frutíferos na terra do nosso sofrimento. Agora vemos com clareza como, durante anos de rejeição e abuso no início da nossa vida, Deus nos aproximou dele e transformou aqueles anos em preparação para uma vida no ministério em seu Reino.

Ao longo da Bíblia, vemos esse padrão repetidas vezes. Assim como Deus agiu na vida de José, em sua sabedoria ele coloca seu povo em uma escola de treinamento a fim de prepará-lo para trabalhar no Reino dele. O rei Davi é um exemplo excelente. Ungido para a vitória na batalha contra Golias, Davi logo se tornou um herói nacional, e sua visibilidade cresceu rapidamente. As pessoas começaram a cantar canções sobre ele, que desfrutava de favor na corte do rei, onde vivia. Humanamente falando, ele poderia ter pensado: "Agora chegou a minha vez". Ele sabia muito bem que fora ungido como o próximo rei — e, certamente, é lógico que este seria o próximo passo, não é? Mas em pouco tempo as coisas ficaram amargas, e Deus o lançou em um período de mais treinamento de caráter — viver em cavernas por sete anos, enquanto o amargurado

Saul tentava matá-lo. Naquele período, Davi deve ter se perguntado o que estava acontecendo — parecia que o chamado em sua vida estava escorrendo por entre os dedos. Mas Deus tinha outros planos: ele usou esse tempo no deserto como uma oportunidade para forjar em Davi as qualidades exigidas em um rei. Logo, Davi receberia fama, fortuna e poder incríveis — e esse período de dificuldade iria moldá-lo como o próximo líder do povo de Deus. O sofrimento o preparou para receber o reino.

Em João 15, Jesus apresenta a fantástica imagem de como Deus geralmente trabalha na nossa vida. Ele descreve o Pai como um jardineiro, dizendo aos discípulos: "Todo ramo que, estando em mim, não dá fruto, ele corta; e todo que dá fruto ele poda, para que dê mais fruto ainda" (v. 2).

No mundo natural, podar uma roseira, por exemplo, assegura que o excesso seja removido e ajuda a concentrar energia na planta — preparando-a para ser mais frutífera. Da mesma forma, Deus se envolve na nossa vida, podando até o que dá fruto para que possamos florescer mais ainda na nossa caminhada com ele.

Matt Redman

Sete anos atrás, experimentei de forma muito real a poda de Deus ao desenvolver uma forma aguda de tendinite no braço. Naquele período em especial, eu estava ocupadíssimo como líder de adoração, conduzindo o louvor na igreja, gravando um álbum e viajando, tudo ao mesmo tempo — com pouquíssima margem para descanso. Tudo chegou ao limite em um fim de semana quando, depois de quatro dias tocando violão sem parar no estúdio, eu viajava para a Holanda a fim de realizar algumas reuniões de adoração. Na sexta-feira à noite, comecei a sentir uma forte pontada no braço de dedilhar, que no sábado se transformou em uma dor agoniante. Na manhã de domingo, eu mal conseguia mover o braço e a mão. Buscando conselho médico por mais de uma semana e mal diagnosticado em mais de uma ocasião, finalmente encontrei um especialista que me informou que a minha mão tinha paralisado. Ele me disse que, se eu o tivesse procurado um ou dois dias depois, provavelmente perderia completamente os movimentos daquela mão. Foi um momento assustador. Não pude tocar violão por sete semanas e durante esse tempo muitas pessoas oraram por mim e enviaram palavras de encorajamento. A maioria das palavras atingiu o alvo poderosamente, e suas revelações ressoaram profundamente no meu íntimo. Uma ou duas, porém, focaram intensamente a expressão "obra do inimigo". Estranhamente, essas palavras não soaram bem, pois por elas tive a forte convicção de que, causado ou não pelo inimigo, o que eu estava experimentando, mais do que qualquer outra coisa naquele período, era um profundo agir do Senhor em mim. Como líder de louvor, eu me tornara ocupado demais, e toda essa ocupação me levara a negligenciar coisas simples e importantes da caminhada cristã, tais como estar atento ao Senhor em oração e por meio da Palavra. Esse período doloroso foi uma parada no *box* espiritual — uma chance de fazer os ajustes por baixo do capô antes que algum dano permanente fosse causado. Deus estava me fazendo lembrar de que *o serviço do Senhor* nunca pode ter mais peso do que o *Senhor do serviço* — e de que eu era um *filho* muito antes de ser um *servo*. Despojando-me também do orgulho e da autoconfiança, o meu Pai estava me lembrando de que o poder dele se aperfeiçoa na fraqueza.

Até hoje não sei exatamente o que estava em jogo teologicamente durante aquele período. O Senhor estava infligindo tudo aquilo? Ou o Senhor estava permitindo que o inimigo o fizesse? Essas perguntas desapareceram lentamente no pano de fundo, enquanto eu descansava seguro no conhecimento de que, qualquer que fosse o caso, o meu Pai estava no controle, disciplinando-me com bondade e cuidado, exatamente como um Pai perfeito faz.

Quando olhamos para trás, podemos ver as marcas da bondade do Senhor em toda parte. Tantas vezes em períodos de alegria e celebração somos rápidos em reconhecer a mão de Deus. No entanto, como cristãos maduros, começamos a reconhecer sua presença diante das adversidades também — vendo Deus agir poderosamente no nosso quebrantamento.

Recentemente, seguíamos dirigindo pelo interior quando percebemos que estávamos quase sem combustível. A partir daquele momento, a viagem mudou. Pisávamos o mínimo no acelerador, dirigindo com cuidado na velocidade ideal de eficiência e olhando com esperança pela janela em busca de algum sinal de um posto de combustível. Havíamos percebido que estávamos "vazios", reconhecendo quão dependentes de combustível éramos, e ficamos muito mais agradecidos a cada gota, tratando-a como algo precioso.

A mesma dinâmica ocorre na vida de cada adorador. Podemos atravessar a vida confortavelmente, deixando que as coisas de Deus passem despercebidas e não tão atentos a Deus como deveríamos estar. É nesses momentos que, em sua grande misericórdia, Deus nos chacoalha para percebermos a nossa dependência dele e a nossa disfunção sem ele. Ele pode retirar de nós algo de que passamos a depender além dele, ou pode encontrar outra forma de nos lembrar da nossa pobreza sem ele. Em pouco tempo, surge uma nova sensação de dependência e elevada gratidão a cada gota de graça na nossa vida.

Às vezes, nessa jornada podem-se passar meses, ou mesmo anos, até que a evidência plena da frutificação apareça diante dos nossos olhos. Tais períodos exigem perseverança e paciência, e eles nos desafiam a deixar para trás a nossa mentalidade "instantânea" que é tão predominante na cultura atual. Quando se trata do Reino de Deus, espiritualidade *fast-food* não está no cardápio. Pelo contrário, precisamos acolher esses períodos de silêncio, apoiando-nos mais uma vez no registro histórico da fidelidade de Deus, até que a alegria chegue pela manhã. Oswald Chambers nos desafia: "Deus confiou a você silêncio — um silêncio cheio de significado? [...] Se Deus deu a você silêncio, louve-o; ele o está levando aos propósitos dele".[7]

Pode haver um período de espera — e, então, de repente, torna-se evidente que Deus nos fez frutíferos na terra do nosso sofrimento. Entretanto, como reconhecemos antes, todos nós passaremos por períodos em que, por mais que analisemos a situação, por mais que busquemos sabedoria nas Escrituras ou conselhos de um pastor, simplesmente não conseguiremos entender onde está Deus no sofrimento. E essa será uma situação muito mais difícil de engolir. Há situações nessa terra que talvez nunca compreendamos completamente enquanto vivermos aqui — tendo conforto apenas com o fato de não estarmos sozinhos no sofrimento. O próprio Deus está envolvido — chorando com os que choram e aproximando-se daqueles de coração quebrantado. A verdade maravilhosa é que, por mais quebrantados que nos sintamos, não fomos deixados sós para abrir caminho no meio da escuridão. Mesmo que andemos pelo vale da sombra de morte, aprendemos a reconhecer a proximidade de Jesus — pois a sombra só pode ser causada pela presença da luz.

Agora, na terra, a cruz de Cristo ilumina o nosso caminho na estrada marcada pelo sofrimento. Na luz que vem do Calvário onde o Filho de Deus voluntariamente entregou a vida por este mundo, encontramos força e esperança para os tempos de necessidade.

[7] CHAMBERS, Oswald. **My Utmost for His Highest.** New York: Dodd, Mead and Company, 1935.

A cruz nos lembra de que adoramos um Deus que se identifica com o nosso sofrimento. É um Deus capaz de mostrar compaixão e empatia, pois ele mesmo foi sobrecarregado de angústia e dor. Todavia, a cruz também realiza outro milagre — a misericórdia daquele lugar começa a superar a adversidade da situação. Em algum lugar profundo, ainda podemos estar perguntando: "Jesus, por que estou sofrendo desta forma?". Mas, em pouco tempo, essa pergunta, por mais válida que seja, será superada por outra. Ao pé da cruz, começamos a perguntar: "Jesus, como é que sofreste tanto assim?". A resposta nos faz lembrar que não estamos sozinhos no sofrimento; mais do que tudo, ela nos assegura mais uma vez a magnitude da misericórdia divina. Não se trata de escapismo, mas de realismo. A misericórdia de Deus supera a confusão da nossa vida.

Questões para reflexão:

1. O texto de 1Tessalonicenses 5.18 nos diz: "Deem graças em todas as circunstâncias, pois esta é a vontade de Deus para vocês em Cristo Jesus". Por quais circunstâncias você poderia agradecer a Deus no momento mais difícil que enfrentou na vida — agora ou no passado? Expresse essa gratidão a ele agora mesmo.
2. Este capítulo fala sobre dificuldades usadas para nos transformarem no que Deus quer que sejamos. De que forma Deus está usando as dificuldades na sua vida a fim de mudá-lo para melhor?
3. Em certo ponto, Matt e Beth falam sobre disciplina como "as marcas da bondade de Deus". Às vezes, leva muitos anos para vermos os resultados. Você consegue pensar em um acontecimento ou circunstância na sua vida que produziu fruto, mas somente depois de um longo período de espera?

Todos os dias Deus está realizando suas maravilhas ao nosso redor.

quatro

Devolva em louvor

Até aqui nas páginas deste livro, temos olhado para a adoração a Deus na estrada marcada pelo sofrimento. Mas, neste capítulo, vamos focar o outro lado da situação — certificando-nos de que trilhamos o caminho do louvor nos tempos de abundância. A verdade é que podemos ser rápidos em questionar Deus quando as coisas dão errado, mas somos lentos em honrá-lo quando tudo está bem. O desafio é tomar cada bênção que ele derrama na nossa vida e transformá-la em louvor. Como certa vez alguém comentou: "Dizer obrigado vai além de boas maneiras. É boa espiritualidade".[1]

Gratidão é um ingrediente essencial na nossa "dieta" de adoração. De fato, agradecer sempre foi um modo excelente para o povo de Deus dar o primeiro passo em direção à adoração. Como nos exorta o salmo 100: "Entrem por suas portas com ações de graças e em seus átrios com louvor; deem-lhe graças e bendigam o seu nome" (v. 4).

A gratidão é uma atitude do coração na qual devemos nos exercitar, pois com rapidez a negligenciamos. Ao longo das Escrituras,

1 PAINTER, Alfred. **Wisdom Quotes**, 2004. Disponível em: <www.wisdomquotes.com/002828.html>. Acesso em: 11 mai. 2005.

vez após vez, vemos o povo de Deus necessitado de orientação nessa área. A história do Êxodo e do povo de Deus vagando descontente pelo deserto mostra como é fácil que a murmuração e o lamento se instalem — afastando-nos dos caminhos da gratidão e do contentamento. Em muitas ocasiões, tanto os salmos no Antigo Testamento quanto as cartas no Novo Testamento nos lembram de sermos agradecidos — destacando, uma vez mais, que este pode não ser sempre o primeiro instinto do nosso coração. A história dos dez leprosos ilumina o conceito ainda mais. Jesus curou todos os dez, mas apenas um retornou para agradecer-lhe e louvá-lo (v. Lucas 17.11-37). Onde estavam os outros nove? Por algum motivo, eles simplesmente seguiram em frente. Talvez tivessem a intenção de retornar e agradecer em algum momento, mas se distraíram celebrando e nunca voltaram. Talvez tenham ficado tão envolvidos com sua própria vitória que se esqueceram daquele que era a fonte de sua cura e alegria. Entretanto, é fácil nos encontrarmos nessa descrição — tantas vezes recebemos o dom, mas de alguma forma, no meio da bênção, nos esquecemos do Doador. A nossa sociedade voltada para o consumo deu à luz uma geração de meros consumidores. Faríamos bem em nos deixar conduzir em adoração por aquele leproso que retornou — que louvou a Deus em alta voz e lançou-se aos pés de Jesus em extravagante agradecimento.

A disciplina da gratidão envolve uma corrente constante de decisões para reconhecer as muitas bondades derramadas sobre nós e responder a elas. Quanto mais cultivamos essa postura de coração, mais naturalmente ela começará a fluir na nossa vida. É como uma pequena bola de neve no topo de uma montanha. Decida colocá-la em movimento, guiando-a montanha abaixo, e em pouco tempo ela começa a crescer mais e mais. Em determinado ponto, ela começa a rolar, desenvolvendo sua própria força. Da mesma forma, quando estamos atentos para agradecer a Deus a cada pequeno detalhe da nossa vida, logo nos envolvemos em uma lista infinita de coisas para agradecer.

Não precisamos olhar para longe do nosso corpo a fim de colocarmos a bola em movimento. A biologia do corpo humano é uma das coisas mais negligenciadas nas orações de gratidão a Deus. Você aprecia seu próprio corpo? Deveria. Somos uma incrível mistura de células — com órgãos de tal complexidade que as melhores tecnologias dos nossos dias ainda não chegam nem perto de comparar-se a eles. Mal pensamos nos complexos órgãos internos que usamos todos os dias. Contudo, quando paramos um momento para nos maravilharmos com eles, isso se torna uma fantástica oportunidade para explodirmos em agradecimento a Deus.

Tomemos o cérebro como exemplo. Quando foi a última vez que você agradeceu por seu cérebro? Pelo fato de que você pode se lembrar de nomes, rostos e acontecimentos? Ou de que você pode ler as páginas da Palavra e memorizar os versículos das Escrituras? Ou de que pode calcular, entender e armazenar na memória tantas maravilhas que Deus criou? Com 500 mil quilômetros de fibras nervosas e mensagens que viajam por elas à velocidade de um furacão, o cérebro é algo para agradecermos maravilhados.[2] Entretanto, é apenas uma parte da nossa anatomia fantasticamente planejada.

Quando foi a última vez que agradeceu a Deus por seu coração? O coração humano bate 100 mil vezes por dia e, no espaço de setenta anos, bombeia sangue suficiente para encher um arranha-céu. O volume de sangue bombeado por minuto é de cerca de 5 litros. Durante atividade física, porém, o volume por minuto pode subir para 25 litros — de modo que o volume total de sangue é bombeado

[2] GITT, Wernet. **The Wonder of Man.** Trad. Jaap Kies e Carl Wieland. Bielefield, Germany: Christliche Literatur-Verbreitung, 1999.

pelo corpo 5 vezes por minuto.[3] Você nunca mais dará graças com um coração grato da mesma maneira!

Passemos para os sentidos — você já imaginou que pode sentir o cheiro da sua flor favorita, sentir o gosto da sua comida preferida e ouvir todos os tipos de músicas interessantes e comoventes? E já pensou em agradecer por algo aparentemente tão comum como a sua pele? Se não, talvez agora seja uma boa hora. Um centímetro quadrado da sua pele contém cerca de 6 milhões de células, 100 glândulas sudoríparas e 5 mil corpúsculos sensitivos, bem como 200 sensores de dor, 25 pontos de pressão, 12 sensores de frio e 2 sensores de calor.[4] E nós não valorizamos essa parte surpreendente do nosso corpo criado, mas, quando começamos a investigar, somos levados pelos portões do agradecimento ao pátio do louvor. Unimo-nos ao salmista, declarando: "Eu te louvo porque me fizeste de modo especial e admirável. Tuas obras são maravilhosas! Digo isso com convicção" (Salmos 139.14).

Em seguida, passe para a sua família e os seus amigos. Pense nos seus círculos sociais — como Deus habilidosamente os uniu, aproximando pessoas pelas quais você será sempre agradecido. Para quem tem olhos para enxergar, a profundidade da providência de Deus está ao nosso redor. Por exemplo, nós somos casados há sete anos — e, ao olhar para trás, ficamos muito gratos pela grandeza da providência de Deus agindo no nosso relacionamento. Vimo-nos pela primeira vez no estacionamento de uma igreja na Inglaterra. Que lugar romântico e, ao mesmo tempo, santo! Agradecemos a Deus por aquele breve momento, que em seu belo plano permitiu que os nossos caminhos se cruzassem por um curto período, sorrindo com o plano a longo prazo que tinha de unir as nossas vidas.

[3] Gitt, Wernet. **The Wonder of Man.** Trad. Jaap Kies e Carl Wieland. Bielefield, Germany: Christliche Literatur-Verbreitung, 1999.

[4] Ibidem.

Com o passar dos anos, embora vivêssemos a três horas de distância, uma forte amizade começou a crescer; pouco tempo depois, estávamos trabalhando juntos em uma igreja. No final, foi preciso um rato fujão no prédio da igreja para nos aproximar. (É uma longa história, mas você ficaria surpreso com o que duas horas tentando pegar um rato juntos pode fazer por um relacionamento!) O importante é: Precisamos aprender a recordar as histórias da providência de Deus na nossa vida — agradecendo a ele tanto pelos detalhes como pelos grandes desígnios. Todos os dias Deus está realizando suas maravilhas ao nosso redor.

Se começarmos a dar pequenos passos regularmente em direção à gratidão, então, em pouco tempo, acertaremos o passo e começaremos a dar grandes passadas de louvor. Com muita frequência, negligenciamos até as coisas pequenas, como, por exemplo, agradecer antes da refeição. De certa forma, é um detalhe. Entretanto, se adotarmos essa disciplina, começamos a abrir espaço duas ou três vezes todos os dias para agradecer a Deus por sua provisão. A chegada do alimento na mesa fornece muitos motivos para agradecer. Para ilustrar a ideia, vamos considerar os vegetais que comemos. Na jornada entre o solo e nosso prato, eles foram cultivados, colhidos, limpos, transportados, vendidos e cozidos. Agradecemos a Deus pela provisão, mas também devemos agradecer a ele pelas muitas mãos que trabalharam para trazê-los até nós.

Em pouco tempo, estaremos dando grandes passos na gratidão, agradecendo a Deus por alguns dos grandes temas da vida cristã. O escritor do salmo 103 nos exorta:

> Bendiga o SENHOR a minha alma!
> Não esqueça nenhuma de suas bênçãos!
> É ele que perdoa todos os seus pecados

e cura todas as suas doenças,
que resgata a sua vida da sepultura
e o coroa de bondade e compaixão,
que enche de bens a sua existência,
de modo que a sua juventude
se renova como a águia (v. 2-5).

Salvação, cura, perdão, compaixão e renovo — são temas que deveríamos visitar todos os dias da nossa caminhada com Deus, e cada um deles pode ser encontrado na cruz. A escritora de hinos Fanny Crosby escreveu "Mais perto da cruz", um profundo clamor do coração para qualquer adorador.[5] Pois, quando deixamos de nos voltar para a cruz, começamos a perder de vista a profundeza da cova da qual fomos resgatados — e a altura da misericórdia que nos salvou.

Pode ser difícil alcançar um coração agradecido — podemos com tanta rapidez deixar que algo que não está indo muito bem na nossa vida encubra a multidão de pequenas bênçãos pelas quais podemos agradecer. Ou passamos horas pedindo algo a Deus, mas poucos minutos agradecendo quando ele responde às nossas orações. Outra armadilha na adoração é passar muito tempo contando a Deus o que fizemos por ele e negligenciar agradecer pelas muitas outras coisas que ele fez por nós. Em todas essas áreas, devemos pedir ao Espírito Santo que nos ajude a cultivar um estilo de vida e uma mentalidade de gratidão.

Outra forma de iniciarmos nessa estrada é agradecer a ele por ser o mesmo Deus ontem, hoje e sempre — o que era, o que é o que há de vir. Em outras palavras, comece recordando uma maravilha que Deus realizou em algum momento de sua jornada. Recorde o testemunho na mente e no coração; vá novamente ao lugar da cruz

[5] Crosby, Fanny. Near the Cross. In: **The Celebration Hymnal.** Word Music and Integrity Music, 1997. Música 319.

e veja tudo o que ele conquistou para você naquele lugar tão significativo. Siga para o túmulo vazio e desfrute por um momento da alegria de compartilhar de sua ressurreição. Este é o primeiro estágio — agradecer a ele por ser o Deus de ontem.

Em seguida, agradeça por uma bondade que ele operou na sua vida hoje, talvez uma oração respondida ou uma amizade que você valoriza. Isso é adorá-lo como o Deus de hoje. E por último olhe para o horizonte e agradeça antecipadamente por algo maravilhoso que está por vir, louvando-o como o Deus eterno e agradecendo-lhe pela vida à sua frente. Esse modelo nos livra de uma mentalidade de reclamação e nos treina no caminho da gratidão. Unimo-nos ao hino *Great is Thy Faithfulness* [Grande é tua fidelidade], recordando-nos do constante amor e cuidado de Deus por nós no passado e adorando-o como aquele que traz a "força para hoje e a esperança para o amanhã".[6]

Adoradores de Jesus maduros aprendem a fazer uma oferta em todas as estações da alma, em cada monte e em cada vale, cientes de que o valor de Jesus supera cada dor e cada alegria desta vida. Centrada em Cristo, a adoração completa tem lugar tanto para os cumes da alegria como para os poços do desespero. Cada bênção que ele derrama, nós transformamos em louvor. E, mesmo quando as trevas nos encobrirem, ainda assim cantaremos "Bendito seja o teu nome".

Questões para reflexão

1. Este capítulo refere-se às ações de graças como uma disciplina. Como você pode implementar essa disciplina na sua vida diária? Que coisas você pode fazer para lembrar-se de cultivar essa mentalidade?

[6] Great is Thy Faithfulness. In: **The Celebration Hymnal.** Word Music and Integrity Music, 1997. Música 139.

2. Matt e Beth mencionam algumas categorias de coisas em relação às quais devemos ser gratos — o nosso corpo, a família, os amigos, a salvação. Que outras categorias não mencionadas você pode acrescentar à lista?
3. Também podemos agradecer a Deus por aquilo que ele fará no futuro. Em quais promessas das Escrituras podemos pôr a nossa confiança, agradecendo a Deus antecipadamente por seu cumprimento?

Oh, que Deus nos leve ao lugar em que, mesmo quando o que é familiar e confortável desmorone ao redor, permaneçamos ainda com uma canção de confiança imortal fluindo dos nossos lábios e da nossa vida.

cinco

Tu dás e tu tomas de volta

A última parte da canção "Bendito seja o teu nome" vem diretamente da história de Jó. Em um dos relatos mais intensos das Escrituras, Jó perde tudo o que é precioso para ele e sofre enormes dificuldades. No início de sua provação, ele encontra um caminho para o lugar de louvor, prostra-se no chão em adoração e clama: "[...] O SENHOR o deu, o SENHOR o levou; louvado seja o nome do SENHOR" (Jó 1.21).

Essa frase retumbante é um desafio para cada adorador. É um chamado a confiar profundamente na soberania de Deus, moldando nossa vida não com base nas coisas temporárias da terra, mas no eterno Reino do céu. Para que a devoção resista ao teste do tempo e suporte todas as estações da alma, ela não pode se fundamentar nas circunstâncias instáveis da vida — precisa estar fundamentada no valor imutável de Deus.

Em 1744, o escritor de hinos Charles Wesley liderava uma reunião de adoração em uma sala no andar superior de uma casa na cidade de Leeds, Inglaterra. A sala de reunião estava abarrotada quando, de repente, o chão cedeu e cem pessoas caíram na sala de baixo! A reação de Wesley à situação foi inspiradora. Ao ver que ninguém estava gravemente ferido, ele começou a cantar a doxologia: "Louvado seja Deus de quem fluem todas as bênçãos". E não apenas isso; mais tarde ele compôs diversos hinos baseados nesse acontecimento — usando o chão que cedeu como uma imagem das incertezas deste mundo e contrastando-as com a natureza inabalável de Deus, de seu Reino e da Palavra.

A pergunta que nos fazemos é: Como agimos quando o nosso mundo desaba? Que forma toma a nossa adoração quando as coisas das quais dependemos cedem debaixo dos nossos pés? Podemos, como Wesley, ser encontrados com uma canção incessante de adoração nos lábios? Oh, que Deus nos leve a esse lugar, para que, mesmo quando o que é familiar e confortável desmoronar, ainda sejamos encontrados com uma canção de confiança imortal fluindo dos nossos lábios e da nossa vida.

Pode haver ocasiões em que a confiança é a única coisa que podemos trazer como oferta a Deus. Tempos de dor e luta, quando chegamos ao fim da linha e sentimos que não temos mais nada para dar. Nesses momentos, dizer a Deus "Eu confio em ti", pode ser uma oferta agradável em si mesma. Confiamos que Deus se importa conosco com profunda afeição paternal. Confiamos que o braço dele nunca é curto demais para salvar. Confiamos que ele ouve aqueles que clamam por seu nome. Confiamos que ele é elevado o suficiente para ver coisas que nunca poderíamos ver. Confiamos que ele é rápido em mostrar compaixão, tardio em se irar e abundante em amor. Em todas essas ofertas, estamos dizendo a Deus que, apesar das circunstâncias, ainda cremos que ele é quem diz ser. E Deus ama esse tipo de resposta do coração.

Como mencionamos na introdução, desde que escrevemos a canção "Bendito seja o teu nome", tivemos o privilégio de ouvir muitos testemunhos de como adoradores encontraram uma forma de resistir mesmo nas mais duras circunstâncias da vida. Muitos desses testemunhos foram belos e profundos.[1]

[1] Estas cartas foram impressas com a permissão dos autores, Ruth McColl e Kathy Sayre.

Dunblane, Perthshire
19 de junho de 2003.

Queridos Matt e Beth,

A nossa preciosa filha mais nova, Rachel, morreu no dia 25 de fevereiro deste ano. Ela estava com 4 anos de idade. Nós temos outros quatro filhos: duas meninas, Brodie, de 18 anos, e Maggie, de 17; e dois meninos, Harry, de 10 anos, e William, de 8. Rachel era um belo presente, amada mais do que podemos descrever.

Rachel era uma criança totalmente saudável até que contraiu varicela em dezembro de 2002. A doença se transformou em pneumonia, uma rara complicação, e ela foi levada às pressas para tratamento intensivo no hospital infantil de Edinburgh, onde ficou em suporte de vida por quase três semanas. Ela estava muito doente, mas teve uma recuperação maravilhosa, surpreendendo os médicos e as enfermeiras.

Conseguimos levá-la para casa na noite de Natal, embora estivesse muito fraca. Sempre será o nosso Natal mais memorável. Rachel recuperou as forças gradualmente e começou a caminhar de novo depois de algumas semanas, retornando para a escola, cheia de alegria pela recuperação e muito consciente de quanto era amada e especial.

Então, na noite de 24 de fevereiro, Rachel adoeceu de repente e corri para levá-la ao Hospital Stirling Royal. Ela desenvolvera uma infecção generalizada que fez parar o seu coração, morrendo depois de quatro horas no hospital. Crer ainda é difícil para mim, contudo tenho dolorosamente me recuperado dos eventos daquele dia.

Somos todos cristãos e, quando pensamos no funeral de Rachel, soubemos imediatamente que queríamos que a canção "Bendito seja o teu nome" fosse entoada. Ela já havia sido cantada na nossa igreja e foi marcante quando Rachel e eu estávamos no hospital, mas ganhou um significado ainda mais forte após sua morte. As palavras nos deram força e disseram o que gostaríamos de dizer.

Havia cerca de 400 pessoas na Catedral de Dunblane para o funeral. O nosso pastor conduziu o culto e Deus nos deu a força que havíamos pedido em oração. A banda tocou "Bendito seja o teu nome". Foi bonito, poderoso e comovente, e a nossa família cantou de coração.

Rachel sempre será parte de nós e, com o passar do tempo, significa muito quando outros se lembram dela. Sentimos muita falta dela. As muitas lágrimas que derramei ao escrever esta carta foram estranhamente confortadoras em meio à dor. Tenho lutado muitas vezes para louvar a Deus desde o funeral de Rachel, mas ele não me abandona; e, na escuridão, a única luz e esperança vem de Cristo, cujos braços de amor seguram a minha querida Rachel.

Com amor,
Ruth McColl
Columbus, Ohio, EUA

4 de abril de 2005

Queridos Matt e Beth,

Perdemos a nossa filha de 18 anos, Natalie, dois anos atrás em um acidente de carro. Era seu último dia de ensino médio, dez dias antes de sua formatura. Ela era a luz da nossa vida. O meu amor por Jesus tem me ajudado a atravessar os momentos de maior escuridão. Quando me tornei uma cristã ativa, a única coisa que pedi a Deus era que por favor não testasse o meu amor por ele na vida de Natalie. Fiz essa oração todos os dias durante oito anos. No hospital, eu dizia a todos os pastores: "Mas essa foi a única coisa que realmente pedi a Deus".

Levou alguns meses para que eu voltasse a frequentar a igreja. Eu não estava zangada com Deus — estava ferida, confusa e até com medo dele.

Eu era e ainda sou tão amarga! Oramos e oramos por um milagre naquele dia. Vimos todos os seus jovens amigos sentados na sala de espera em círculos de oração pedindo por aquele milagre, mas simplesmente não aconteceu.

Participar dos cultos e cantar louvores sobre os milagres que ele realizou e sobre o Deus amoroso que é, e não ter minha Natalie sentada ao meu lado, é muito difícil.

Então ouvimos a sua canção, e ela encaixou tão bem na nossa situação que agora a chamamos de canção da Natalie. Jeff e eu sempre acabamos em lágrimas quando chegamos à parte sobre "Tu dás e tomas de volta". Isso é muito verdadeiro. Como cristã, compreendo que todos somos filhos de Deus, grandes e pequenos, jovens e velhos; mas, como mãe, ela era a minha menininha. É muito difícil deixá-la ir.

Ela foi uma heroína até o fim. Era doadora de órgãos e salvou quatro vidas. Ela sempre foi nossa "pequena especial", mas agora ela é também muito, muito mais.

Bênçãos a você e à sua família.
Com o amor de Deus,
Kathy Sayre

Essas cartas repletas de adoração foram escritas por adoradores que não negaram a dor de suas perdas, mas, em meio a todo sofrimento, decidiram confiar em Deus. Os céus sabem que eles tomaram uma boa decisão.

O nosso pastor recentemente comentou que funerais centrados em Cristo são uma das melhores vitrinas do cristianismo. Para aqueles que confiam a vida a Jesus, há uma grande diferença quando acontece uma perda marcante. Fora de Cristo, muitos cultos em memória ou funerais são como tatear no escuro, uma densa nuvem de dor sem clareza sobre o que está adiante. Pode haver uma celebração significativa dos dias da pessoa na terra, mas, sem uma esperança centrada em Cristo, isso sempre será excedido pela falta de confiança na vida eterna. Quando o mundo traz apenas um vocabulário de tristeza e perda, o culto em memória de um adorador de Jesus, pelo contrário, é permeado por um senso profundo de agradecimento e esperança. Sim, ainda há a dor da perda, mas ela é superada pela verdade de Deus e por suas promessas para aqueles que o amam. Somente os que estão enraizados em tal fé ousam dizer: "O Senhor o deu, o Senhor o levou, louvado seja o nome do Senhor". Sem um profundo conhecimento do coração do Pai e sem fé em sua sabedoria e em seu poder soberano, orar é perigoso demais.

Uma pessoa que adotou esta postura de coração foi William Cowper, poeta e compositor inglês do século XVIII. Um de seus hinos mais conhecidos é uma incrível resposta bíblica e poética que vem de um homem rendido à soberania de Deus:

> Deus se move de modo misterioso,
> Suas maravilhas a realizar;
> Ele firma os pés no mar
> E caminha sobre a tempestade.
>
> Na profundidade de minas insondáveis
> Com habilidades que nunca falham
> Ele entesoura seus luzentes desígnios
> E opera sua vontade soberana.
>
> Seus propósitos amadurecerão com rapidez,
> Revelando-se a cada hora;
> O botão pode ter gosto amargo,
> mas doce será a flor.
>
> A incredulidade cega certamente errará
> E vasculhará suas obras em vão;

Deus é seu próprio intérprete,
E ele deixará isso claro.[2]

Que incrível expressão de adoração de um coração seguro de que podemos confiar a nossa vida plenamente a Deus! Cowper o adorou como aquele que tem todas as coisas sob seu controle — e, mesmo quando não conseguia entender os caminhos de Deus em sua vida, sabia que Deus estava realizando sua boa, agradável e perfeita vontade. O hino declara: "Deus é seu próprio intérprete". Em outras palavras, nem sempre podemos falar por ele ou entendê-lo. Em seu próprio tempo, começaremos a perceber as maravilhas que ele está realizando.

O mais incrível a respeito desse hino, porém, é que Cowper era maníaco-depressivo — algo que o afetara por muitos anos e sobre o qual os médicos daquele tempo tinham pouca compreensão. Como ele pode ter escrito um hino tão poderoso acerca do tema da soberania de Deus enquanto vivia dia após dia sob nuvens tão escuras! De fato, um dia depois de escrever esse hino, Cowper mergulhou em uma profunda depressão — e pelo resto de seus dias na terra nunca se recuperou realmente. Isso, em si mesmo, é um mistério.

Sim, há algumas coisas que nunca entenderemos enquanto estivermos na terra. Há um momento em que simplesmente temos de nos submeter ao mistério. Por que os jovens às vezes perdem a vida tão cedo? Por que algumas pessoas que são tão boas com crianças nunca têm seus próprios filhos e filhas? Por que um *tsunami* atingiria com tanta violência a terra e varreria centenas de milhares de vidas em um instante? Teólogos e filósofos podem apresentar alguns argumentos interessantes e, às vezes, convincentes. No entanto, para aqueles que estão no meio de tais circunstâncias, essas respostas do cérebro

2 Cowper, William. **God Moves in a Mysterious Way,** 1774. Domínio público.

alimentam a mente ou oferecem a explicação possível, mas podem nunca servir para acalmar a alma. Às vezes, quando estamos no meio da dor e da confusão, tudo o que podemos fazer é nos submeter ao mistério — sabendo que aquele que dá e leva é infinitamente mais sábio e mais amoroso do que podemos imaginar.

Mesmo que nos nossos dias terrenos nunca venhamos a entender algumas dessas experiências, nos nossos dias no céu certamente poderemos entender. Para aqueles que estão em Cristo, por fim, tudo fará sentido. O escritor de Romanos descreve essa realidade da seguinte forma: "Considero que os nossos sofrimentos atuais não podem ser comparados com a glória que em nós será revelada" (Romanos 8.18).

Permaneçamos na esperança inabalável de tudo o que está por vir, pois nosso sofrimento presente, por mais real e terrível que possa ser, não será nada comparado com a glória que será revelada em nós. Como nos encoraja o apóstolo Paulo:

> Por isso não desanimamos. Embora exteriormente estejamos a desgastar-nos, interiormente estamos sendo renovados dia após dia, pois os nossos sofrimentos leves e momentâneos estão produzindo para nós uma glória eterna que pesa mais do que todos eles. Assim, fixamos os olhos, não naquilo que se vê, mas no que não se vê, pois o que se vê é transitório, mas o que não se vê é eterno (2Coríntios 4.16-18).

De alguma forma, essa dor que troveja violentamente no nosso ser será apenas um leve sopro quando comparada ao esplendor e à satisfação que um dia receberemos. É a boa notícia de uma terra distante, o vislumbre de uma brilhante esperança que está por vir. E, apesar disso, não é escapismo — pois, embora essa esperança só seja completamente revelada a nós naquele dia, agora mesmo podemos viver em Cristo e ele em nós. Nós seguimos em frente: entristecidos, mas sempre alegres; perplexos, mas nunca desesperados; às vezes não tendo nada, mas possuindo tudo.

A estrada para nosso destino final será, de fato, marcada pelo sofrimento. Jesus está procurando adoradores que se decidam por ele, mesmo em meio à dor, um povo que clame "Bendito seja o teu nome" ressonando nas profundezas da alma. E, não importa quão dolorosa se torne a vida, o Senhor certamente valerá a batalha.

Questões para reflexão

1. Este capítulo fala sobre a soberania de Deus em tudo o que acontece. De que forma isso pode trazer conforto a você ao lidar com as perdas da sua vida?
2. Está claro nas Escrituras e também na nossa vida que Deus não somente nos dá coisas — ele também as tira de nós. Mesmo sabendo disso, em que verdades que nunca serão retiradas você pode se firmar?
3. Os funerais são diferentes para os cristãos porque a morte não é o fim. De que forma a verdade do seu destino eterno afeta a maneira com que você enfrenta as perdas?

Guia de Discussões
para grupos pequenos

O seguinte guia de discussão foi preparado para ajudar você a estudar com mais profundidade os conceitos presentes neste livro. Passagens das Escrituras, perguntas, reflexões e pequenas porções dos capítulos serão usadas para ajudar você a processar não apenas a informação do livro, mas também as situações difíceis que você enfrentou na vida e na vida dos que o cercam. Você pode usar este guia individualmente, com outra pessoa ou mesmo em um pequeno grupo.

Se você é o líder de um pequeno grupo e deseja discutir *Encontrando Deus no tempo da dificuldade* e o tópico da adoração em momentos bons e ruins, as seguintes diretrizes básicas podem ser úteis. Primeiro, antes que o seu grupo se reúna todas as semanas, encoraje os membros a lerem o capítulo que será discutido antes de chegarem à reunião e a escrever qualquer pergunta ou pensamento que lhes ocorra depois de terem lido. Certifique-se de levar uma Bíblia na noite de reunião do grupo e encoraje cada membro do grupo a fazer o mesmo, se possível.

Uma vez que o grupo esteja reunido, dê alguns minutos para que as pessoas compartilhem as impressões iniciais sobre o capítulo da semana. Em seguida, para começar, leia o breve resumo da discussão em voz alta ou peça que alguém do grupo o faça.

Quando chegarem a uma pergunta ou tópico, conceda tempo suficiente para cada pessoa compartilhar sua resposta, história ou pensamento. Finalmente, certifique-se de criar uma atmosfera segura para que as pessoas se sintam à vontade em compartilhar e expor-se diante de pessoas que talvez ainda não conheçam.

Capítulo um: *O meu coração decidirá dizer*

Nas primeiras linhas deste capítulo, Matt e Beth referem-se ao ato de adorar a Deus nos momentos difíceis como uma ação corajosa, difícil e custosa, mas também como uma ação que nos molda como as pessoas que somos quando estamos diante de Deus em adoração. Discuta as seguintes perguntas com o grupo:

- De que formas podemos decidir adorar a Deus nos momentos bons e ruins da nossa vida diária?
- Todos nós atravessamos tempos difíceis. Em que ponto a adoração se tornou "uma decisão muito corajosa" na sua vida? O que aconteceu e como você respondeu?
- Por que precisamos focar constantemente Deus quando a vida se torna difícil? Você acha que Deus aprecia a nossa adoração quebrantada e confiante quando estamos lutando em meio aos momentos mais duros da vida?

Nos momentos em que a vida parece uma tempestade — quando os ventos sopram com força, as ondas batem e tudo parece estar de cabeça para baixo — Matt e Beth nos pedem para refletirmos sobre a seguinte questão: "Ainda conseguimos encontrar o caminho para o lugar de louvor?". Essa não é uma pergunta que deve ser respondida em voz alta; é uma pergunta que todos nós devemos fazer e responder a nós mesmos. Para cada pessoa, há momentos em que a vida é tão dolorosa ou confusa que não sabemos para onde nos voltar e podemos começar a sentir enjoo espiritual.

Examine a seguinte passagem do capítulo 1 (leiam em voz alta como grupo):

> Podemos atravessar períodos de dor em que tentamos desesperadamente nos agarrar ao que sabemos ser verdadeiro sobre Deus e, mesmo assim, continuamos confusos com relação à dificuldade que estamos enfrentando. [...] Em pouco tempo, encontramo-nos em uma situação de enjoo espiritual causado por movimento — vivendo na tensão entre o que sabemos ser verdade e a profunda dor que parece contradizer essa verdade.
>
> O segredo é enfatizar o que lá no fundo sabemos ser verdadeiro, acrescentando revelação extra. Falando em termos espirituais, abaixe a janela e estique a mão para fora (p. 28).

- Matt e Beth dizem que devemos abaixar o vidro e esticar a mão, reorientar a mente e lembrar-nos de quem é Deus. O que esse capítulo diz que podemos fazer para acrescentar revelação extra?
- Que outras maneiras, não destacadas no capítulo 1, ajudarão a nos lembrar da bondade e da fidelidade de Deus?

No capítulo 1 do livro, dois versículos de Lamentações 3 na versão *A Mensagem* são usados para nos mostrar uma forma de nos lembrarmos da bondade e fidelidade de Deus. Abra Lamentações em uma tradução diferente da Bíblia e leia um pouco mais sobre o contexto. Comece em Lamentações 3.17 e leia até o versículo 21.

Se estiver em um pequeno grupo, medite individualmente nas palavras dessa passagem. Escolha alguma palavra ou frase-chave que se destaque para você nessas poucas linhas e as escreva em um pedaço de papel, um diário ou na margem deste livro. Antes de seguir em frente, permita que cada pessoa do grupo compartilhe o que pensou sobre a passagem e quais palavras anotou ao ler.

- Reflita sobre o que você leu nesse capítulo. Que pensamentos ou tópicos lhe trazem mais conforto quando você pensa nos momentos difíceis que teve de suportar na vida?
- Peça que uma pessoa leia Lamentações 3.22-26 em voz alta para o grupo. Que lições podem ser aprendidas dessa passagem simples? De que forma isso confronta a forma pela qual tendemos a lidar com questões que surgem na vida diária?

Leia esta passagem do capítulo 1 e discuta até que o grupo relaxe:

> Adorar a Deus é dizer a ele que cremos naquilo que ele diz ser. Cada dia deparamos com a decisão de reconhecê-lo e proclamá-lo como o grande e misericordioso Deus que ele declara ser, ou então o negar. Por mais forte que possa soar, a verdade é esta: Se negarmos alguma coisa boa sobre Deus, automaticamente atribuímos a ele algo de ruim. [...] A verdade é que não há meio-termo. Ou ele é o Deus todo-poderoso e todo-amoroso que sua Palavra declara que ele é, ou ele não é (p. 32).

Ao encerrar o tempo juntos, lembre cada pessoa de ler o capítulo 2 antes da próxima reunião do grupo. Peça que alguém faça uma oração para encerrar, ou ore você mesmo.

Capítulo dois: *O caminho marcado pelo sofrimento*

No capítulo 2, Matt e Beth mencionam o Onze de Setembro e as semanas seguintes àquele dia angustiante na cidade de Nova York.

E seguem discutindo o fato de que muitas das igrejas que eles visitaram nos Estados Unidos pareciam não ter canções para momentos de lamento como aquele. Por isso, Matt e Beth se dispuseram a escrever uma canção que pudessem cantar nos momentos difíceis também, de fato em todos os momentos da vida.

Leia em voz alta as seguintes perguntas e reserve alguns minutos para responder a cada uma delas com o grupo:

- Você acha que canções genuínas de lamento são bíblicas? Por que sim ou por que não?
- Matt e Beth afirmam que canções de lamento são necessárias nas igrejas. Você acha que canções de lamento ou tristeza são importantes e saudáveis para que o corpo de Cristo escreva e cante como parte de sua adoração a Deus? Por que sim ou por que não?
- Matt e Beth dizem que, se decidirmos por Deus, entregarmos tudo o que temos e o seguirmos com toda a nossa força, ele não nos decepcionará. Você concorda com essa afirmação? Por que sim ou por que não? Por que os autores dizem que Deus não nos decepcionará?

Reflita sobre o seguinte texto do capítulo 2:

> Para os que estão em situação de dor, é libertador compreender que podemos fazer perguntas ao adorar. O próprio Jesus (o nosso modelo de perfeita adoração) agiu assim quando sofreu as agonias da cruz. O Rei dos reis crucificado pronunciou palavras de um salmo de lamento enquanto estava pendurado em agonia: "Meu Deus! Meu Deus! Por que me abandonaste? [...]" (Salmos 22.1; Marcos 15.34). Pedidos de socorro e perguntas dolorosas estão dentro dos limites da adoração bíblica e saudável (p. 41).

Nesse capítulo, Beth escreve sobre sua relação com o salmo 73 durante um momento de dificuldade em sua vida. Distribua Bíblias para cada membro do grupo (se necessário) e conceda alguns minutos para tempo pessoal de reflexão. Peça que cada um folheie o livro de Salmos e escolha um capítulo, uma passagem ou uma série de versículos relacionados a uma situação de lamento, tristeza ou dor. Peça que cada pessoa destaque a passagem ou a série de versículos que parecem se aplicar melhor a uma situação que estejam atravessando ou tenham atravessado no passado.

Depois de cinco ou seis minutos, peça que cada pessoa do grupo leia a passagem e compartilhe brevemente por que a escolheu. Se alguém tiver dificuldade em encontrar uma passagem apropriada, sugira salmo 73 ou algum outro capítulo de Salmos discutido no capítulo 2 de *Encontrando Deus no tempo da dificuldade.*

- Como grupo, encontrem e leiam os seguintes versículos das Escrituras em voz alta uns para os outros: Salmos 3; 13.1-6; 56; 57; 1Tessalonicenses 5.16; Tiago 5.10; 1Pedro 1.6-9. Qual é o tema comum entre essas passagens? Que respostas são recomendadas quando encontramos sofrimento ou tristeza de qualquer tipo?
- Por que você acha que a fé em Deus é tão importante nesse período de dúvida, incerteza e confusão? Por que o conceito de mistério é tão central e como adoramos a Deus e colocamos a nossa confiança no plano dele?

Leia esta passagem final do capítulo 2 e reflita para encerrar a reunião:

> Esta é uma oferta de adoração de peso: estar diante de Deus, prometendo escolhê-lo acima das circunstâncias desta vida, amá-lo

e segui-lo, venha o que vier. Mas os que agem assim nunca se decepcionam, pois não podemos exceder Deus em generosidade.

Certamente haverá muitas coisas neste mundo caído que não compreenderemos deste lado da eternidade. E simplesmente nos firmamos no fato de que Deus é tudo o que temos, porém muito mais do que precisamos. Como John Piper escreve: "Há épocas de dor, perda, tristeza e escuridão em que não vale a pena pedir por mais nada, a não ser por Deus" (p. 48).

Ao encerrar o tempo juntos, lembre cada pessoa de ler o capítulo 3 antes da próxima reunião do grupo. Em seguida, peça que alguém faça uma oração para encerrar, ou ore você mesmo.

Capítulo três: *Embora haja dor na oferta...*

Matt e Beth iniciam esse capítulo discutindo dois temas: 1) Ninguém passa por este mundo sem ser tocado pela tragédia e 2) a adoração saudável nunca minimiza a dor deste mundo. Os autores afirmam que esses dois temas coexistem e que, ao adorarmos a Deus, precisamos aprender a ser agradecidos em meio à dor. Pare alguns instantes para refletir sobre as seguintes questões com o seu grupo:

- O que você acha que significa ser agradecido em meio à dor? Que tipo de coisas geralmente impedem de nos sentirmos verdadeiramente agradecidos quando adoramos?
- Mais adiante no capítulo 3, Matt e Beth desenvolvem a ideia de que, embora não celebremos a dor por si mesma, tempos de dor e angústia podem nos aproximar de Deus e nos ajudar a crescer. Isso já se mostrou verdadeiro na sua vida?

- Agora desenvolva a seguinte frase com seu grupo: "Não há safras perdidas na economia de Deus". O que isso significa para você? Você concorda? Por que sim ou por que não?
- Nesse capítulo, os autores discutem a ideia de adoração sadia. Qual você acha que é a verdadeira essência da adoração sadia?

Agora leia a seguinte passagem do texto do capítulo 3:

> No mundo natural, podar uma roseira, por exemplo, assegura que o excesso seja removido e ajuda a concentrar energia na planta — preparando-a para ser mais frutífera. Da mesma forma, Deus se envolve na nossa vida, podando até o que dá fruto para que possamos florescer mais ainda na nossa caminhada com ele (p. 59).

Para concluir, reserve alguns minutos para cada pessoa folhear o capítulo 3. Peça que os membros do grupo identifiquem pontos que se destacaram de forma especial ao ler o capítulo. Pergunte ao grupo que outros pontos ou lições-chave sobre sofrimento eles encontraram nesse capítulo. Permita que o grupo compartilhe seus pensamentos.

Em seguida, peça que todos peguem suas Bíblias, abram em Gênesis 50.1-21 e leiam a passagem em voz alta. Conversem um pouco sobre a vida de José, o sofrimento que ele suportou e o modo surpreendente com que reagiu aos irmãos nos versículos 19-21. Respondam às seguintes questões juntos:

- Como José respondeu aos próprios irmãos — que haviam tornado sua vida miserável e cheia de sofrimento? Por que o exemplo dele é particularmente significativo para a nossa discussão nesse capítulo do livro?
- O autor de Hebreus se refere às dificuldades da vida como disciplina e como algo normal para quem é filho de Deus.

Como você se sente ao considerar as suas lutas e dificuldades pessoais não como obstáculos a superar, mas, pelo contrário, como disciplinas a cultivar? Como isso se relaciona à sua experiência de adoração?

Ao se aproximar o horário de encerramento do grupo, leia a seguinte passagem de Hebreus 12.4-8 em voz alta:

> Nessa luta incessante contra o pecado, outros sofreram muito mais que vocês, sem falar no que Jesus enfrentou — todo aquele derramamento de sangue. Portanto, nada de autocomiseração. Ou vocês já se esqueceram de que os bons pais tratam bem os filhos e que Deus trata vocês como filhos *dele*?
>
> Meus filhos queridos, não desprezem a disciplina de Deus, também
> não sejam esmagados por ela.
> Ele disciplina o filho que ama;
> o filho que ele abraça, ele também corrige.
>
> Deus está educando vocês; é por isso que vocês nunca devem desistir. Ele está tratando vocês como filhos queridos. Essa provação que vocês estão enfrentando não é um castigo; é um *treinamento*, a experiência normal dos filhos. Só pais irresponsáveis deixam os filhos por conta própria. Vocês gostariam que Deus fosse irresponsável? Se respeitamos nossos pais que nos educaram e não nos mimaram, por que não aceitar a disciplina de Deus, para que possamos viver de verdade? (*A Mensagem*).

Ao encerrar o tempo juntos, lembre cada pessoa de ler o capítulo 4 antes da próxima reunião do grupo. Em seguida, encerre com uma oração.

Capítulo quatro: *Devolva em louvor*

O capítulo 4 representa uma mudança no livro, já que Matt e Beth focam a atenção na importância do louvor a Deus em momentos nos quais tudo na vida parece estar indo bem. Hoje, separe alguns minutos para abrir o grupo com algum relato de louvor dos membros e, na sequência, discutam as questões a seguir.

- Matt e Beth afirmam que "podemos ser rápidos em questionar Deus quando as coisas dão errado, mas somos lentos em honrá-lo quando tudo está bem". Isso acontece com você? O que parece mais difícil: louvar a Deus quando tudo está bem ou louvar a Deus quando a vida fica difícil? Por quê?
- Ao longo do dia ou da semana, você pensa a respeito de honrar a Deus? Que formas você encontrou para adorar e louvar a Deus que podem ser consideradas únicas e não convencionais?

Leia a seguinte passagem do capítulo 4:

> Se começarmos a dar pequenos passos regularmente em direção à gratidão, então, em pouco tempo, acertaremos o passo e começaremos a dar grandes passadas de louvor. Com muita frequência, negligenciamos até as coisas pequenas, como, por exemplo, agradecer antes da refeição. De certa forma, é um detalhe. Entretanto, se adotarmos essa disciplina, começamos a abrir espaço duas ou três vezes todos os dias para agradecer a Deus por sua provisão (p. 71).

- Por que você acha que às vezes é tão difícil agradecer a Deus pelas coisas pequenas? Por que esse tipo de louvor é de importância fundamental no nosso relacionamento com Deus e na nossa adoração?

- Que tipos de coisas pequenas vêm à sua mente pelas quais você sente que precisa agradecer a Deus agora mesmo?

Depois da discussão, separe alguns momentos para que cada um leia os salmos 103 e 104 individualmente. Peça que cada membro do grupo sublinhe ou reescreva algumas frases que lhe soaram significativas. Reflitam por alguns momentos sobre o que vocês leram e, então, peça que cada pessoa compartilhe em voz alta algo desses dois capítulos — uma frase ou um versículo que lhe comoveu ou acrescentou clareza à discussão. Agora, discuta as perguntas seguintes com o grupo.

- Por que é importante passar tanto tempo olhando para a glória de Deus e seus dons, em vez de usar a oração como ferramenta para pedir coisas?
- Nesse capítulo, Matt e Beth também discutem a ideia de louvar a Deus por ontem, hoje e sempre. O que isso significa para vocês pessoalmente e coletivamente como uma comunidade de seguidores de Jesus?
- De que forma Deus esteve presente na sua vida ontem e hoje? Você pode agradecer a ele pelas bênçãos que ainda estão por vir?

Peça que alguém leia em voz alta a seguinte passagem de Salmos 105.1-4 para encerrar essa sessão com o grupo:

> Deem graças ao Senhor,
> proclamem o seu nome;
> divulguem os seus feitos entre as nações.

Cantem para ele e louvem-no;
relatem todas as suas maravilhas.
Gloriem-se no seu santo nome;
alegre-se o coração
dos que buscam o SENHOR.
Recorram ao SENHOR e ao seu poder;
busquem sempre a sua presença.

Ao encerrar o tempo juntos, lembre cada pessoa de ler o capítulo 5 antes da próxima reunião do grupo. Em seguida, encerre com oração, agradecendo a Deus por ele estar presente ontem, hoje e sempre.

Capítulo cinco: *Tu dás e tu tomas de volta*

Em Jó 1.21, Jó clama: "O SENHOR o deu, o SENHOR o levou; louvado seja o nome do SENHOR". As palavras de Jó são a inspiração de duas linhas na canção de Matt e Beth "Bendito seja o teu nome" e a inspiração para o último capítulo deste livro. Jó é um exemplo de um homem que foi completamente quebrantado e, mesmo assim, foi capaz de louvar o nome do Senhor.

Peça que alguém no grupo leia em voz alta as duas cartas sobre Rachel e Natalie no capítulo 5. Depois de terem lido as cartas, dê oportunidade para quem quiser desejar compartilhar um momento difícil em sua própria vida que o levou a um lugar de escuridão. Depois disso, faça as seguintes perguntas:

- Embora esses acontecimentos e lutas não façam sentido ou pareçam confusos, como você aprendeu a depositar sua fé e esperança em Deus?
- Há alguma canção, salmo ou outra passagem da Bíblia que o ajudou a atravessar um período de muita escuridão?

- Como você entende as histórias de Rachel e Natalie? O que você pensa quando ouve essas histórias lidas em voz alta e reflete sobre a dor no coração desses pais quebrantados?

Peça que alguém leia Romanos 8.18-27 em voz alta para o grupo. Separe um momento para que os membros do grupo discutam esses versículos e reflitam especificamente sobre a esperança que eles têm na vinda da glória de Deus. Depois de compartilharem suas próprias histórias e discutirem as questões, peça que cada membro leia a seguinte passagem do capítulo 5 no livro:

> De alguma forma, essa dor que troveja violentamente no nosso ser será apenas um leve sopro quando comparada ao esplendor e à satisfação que um dia receberemos. É a boa notícia de uma terra distante, o vislumbre de uma brilhante esperança que está por vir. E, apesar disso, não é escapismo – pois, embora essa esperança só seja completamente revelada a nós naquele dia, agora mesmo podemos viver em Cristo e ele em nós. Nós seguimos em frente: entristecidos, mas sempre alegres; perplexos, mas nunca desesperados; às vezes não tendo nada, mas possuindo tudo (p. 84-85).

Separe um tempo depois de ler a passagem para que cada pessoa anote seus pensamentos. A seguir, permita que os membros do grupo compartilhem suas anotações, pensamentos, perguntas e, até mesmo, dúvidas, se eles se sentirem à vontade para isso.

Agora, volte ao livro de Jó. Nessa história, nas primeiras linhas de abertura, encontramos muito sofrimento e dificuldades que acometeram um homem. Parece ser realmente uma história horrível e deprimente, mas Jó louva a Deus mesmo depois de suas piores aflições, dizendo "Louvado seja o nome do Senhor". Como Matt e Beth escreveram: "Essa frase retumbante é um desafio para cada adorador". Agora reflitam sobre as questões seguintes como grupo.

- Leiam o capítulo 1 de Jó em voz alta e em seguida conversem durante alguns momentos sobre a afirmação retumbante de Jó no final do capítulo. Você consegue se relacionar com essa atitude? O que essas palavras significam depois de tudo o que Jó sofreu?
- Você já meditou na história de Jó e no propósito de Deus ao longo de tudo? Por que você acha que Deus permitiu que Jó sofresse essas dificuldades?
- Reserve de 7 a 10 minutos para cada pessoa escrever um hino, um poema ou uma carta louvando a Deus. Esclareça que eles podem incluir também observações pessoais e específicas sobre situações que enfrentaram ou estão enfrentando na vida. Acrescente que eles podem incluir frases sobre coisas boas e ruins e sobre louvar a Deus em tudo isso. Encoraje todos a criarem algo pessoal e único.

Depois peça que alguém do grupo leia a seguinte passagem para encerrar esse tempo juntos:

> Por isso não desanimamos. Embora exteriormente estejamos a desgastar-nos, interiormente estamos sendo renovados dia após dia, pois os nossos sofrimentos leves e momentâneos estão produzindo para nós uma glória eterna que pesa mais do que eles. Assim, fixamos os olhos, não naquilo que se vê, mas no que não se vê, pois o que se vê é transitório, mas o que não se vê é eterno (2Coríntios 4.16-18).

Para finalizar esse tempo juntos, orem, intercedam uns pelos outros e louvem a Deus por sua glória, por sua bondade e por seu plano maravilhoso para a nossa vida nos momentos bons e ruins.

Referências bíblicas contidas no livro

Esta é uma lista completa de todos os versículos da Bíblia referidos neste livro. Esperamos que eles incentivem você a estudar e adorar mais ao Senhor.

Capítulo um

Lembro de tudo — ah, e como lembro! —
    o sentimento de chegar ao fundo do poço.
Mas há outra coisa que lembro
    e, ao lembrar, continuo agarrado à esperança:
O amor leal do Eterno não pode ter acabado,
    Seu amor misericordioso não pode ter secado.
Eles são renovados a cada manhã.
    Como é grande tua fidelidade!
(Lamentações 3.20-23, *A Mensagem*)

Até quando, Senhor?
Para sempre te esquecerás de mim?
Até quando esconderás de mim o teu rosto?
Até quando terei inquietações
    e tristeza no coração dia após dia?

Até quando o meu inimigo triunfará sobre mim? [...]
Eu, porém, confio em teu amor;
o meu coração exulta em tua salvação.
Quero cantar ao SENHOR
pelo bem que me tem feito.

(Salmos 13.1,2,5,6)

Por que você está assim tão triste,
ó minha alma?
Por que está assim tão perturbada
dentro de mim?
Ponha a sua esperança em Deus!
Pois ainda o louvarei;
ele é o meu Salvador e o meu Deus.

(Salmos 42.5,11)

Capítulo dois

Quando um membro sofre, todos os outros sofrem com ele; quando um membro é honrado, todos os outros se alegram com ele. (1Coríntios 12.26)

Meu Deus! Meu Deus! Por que me abandonaste? [...] (Salmos 22.1; Marcos 15.34)

Se formos atirados na fornalha em chamas, o Deus a quem prestamos culto pode livrar-nos, e ele nos livrará das tuas mãos, ó rei. Mas, se ele não nos livrar, saiba, ó rei, que não prestaremos culto aos teus deuses nem adoraremos a imagem de ouro que mandaste erguer. (Daniel 3.17,18)

Quanto a mim, os meus pés quase tropeçaram;
por pouco não escorreguei.

Pois tive inveja dos arrogantes
quando vi a prosperidade desses ímpios.

Eles não passam por sofrimento
e têm o corpo saudável e forte.
Estão livres dos fardos de todos;
não são atingidos por doenças
como os outros homens. [...]

Certamente me foi inútil
manter puro o coração
e lavar as mãos na inocência. [...]

agi como insensato e ignorante;
minha atitude para contigo
era a de um animal irracional.
Contudo, sempre estou contigo;
tomas a minha mão direita e me susténs.
Tu me diriges com o teu conselho,
e depois me receberás com honras.
A quem tenho nos céus senão a ti?
E, na terra, nada mais desejo
além de estar junto a ti.
O meu corpo e o meu coração
poderão fraquejar,
mas Deus é a força do meu coração
e a minha herança para sempre.

(Salmos 73.2-5,13,22-26)

Alegrem-se sempre. Orem continuamente. Deem graças em todas as circunstâncias, pois esta é a vontade de Deus para vocês em Cristo Jesus. (1Tessalonicenses 5.16-18)

Entristecidos, mas sempre alegres; pobres, mas enriquecendo muitos outros; nada tendo, mas possuindo tudo. (2Coríntios 6.10)

Capítulo três

Deem graças em todas as circunstâncias, pois esta é a vontade de Deus para vocês em Cristo Jesus. (1Tessalonicenses 5.18)

Meus irmãos, considerem motivo de grande alegria o fato de passarem por diversas provações, pois vocês sabem que a prova da sua fé produz perseverança. E a perseverança deve ter ação completa, a fim de que vocês sejam maduros e íntegros, sem que falte a vocês coisa alguma. (Tiago 1.2-4)

Assim acontece para que fique comprovado que a fé que vocês têm, muito mais valiosa do que o ouro que perece, mesmo que refinado pelo fogo, é genuína e resultará em louvor, glória e honra, quando Jesus Cristo for revelado. (1Pedro 1.6,7)

Por isso, por amor de Cristo, regozijo-me nas fraquezas, nos insultos, nas necessidades, nas perseguições, nas angústias. Pois, quando sou fraco, é que sou forte. (2Coríntios 12.10)

Suportem as dificuldades, recebendo-as como disciplina; Deus os trata como filhos. Ora, qual o filho que não é disciplinado por seu pai? Se vocês não são disciplinados, e a disciplina é para todos os filhos, então vocês não são filhos legítimos, mas sim ilegítimos. [...] Nossos pais nos disciplinavam por curto período, segundo lhes parecia melhor; mas Deus nos disciplina para o nosso bem, para que participemos da sua santidade. Nenhuma disciplina parece ser motivo de alegria no momento, mas sim de tristeza. Mais tarde, porém, produz fruto de justiça e paz para aqueles que por ela foram exercitados. (Hebreus 12.7,8,10,11)

Ao levar muitos filhos à glória, convinha que Deus, por causa de quem e por meio de quem tudo existe, tornasse perfeito, mediante o sofrimento, o autor da salvação deles. (Hebreus 2.10)

Portanto, agora já não há condenação para os que estão em Cristo Jesus. (Romanos 8.1)

Vocês planejaram o mal contra mim, mas Deus o tornou em bem, para que hoje fosse preservada a vida de muitos. (Gênesis 50.20)

Ao segundo filho, chamou Efraim, dizendo: "Deus me fez prosperar na terra onde tenho sofrido". (Gênesis 41.52)

Todo ramo que, estando em mim, não dá fruto, ele corta; e todo que dá fruto ele poda, para que dê mais fruto ainda. (João 15.2)

Capítulo quatro

Entrem por suas portas com ações de graças
e em seus átrios com louvor;
deem-lhe graças e bendigam o seu nome.

(Salmos 100.4)

Eu te louvo porque me fizeste
de modo especial e admirável.
Tuas obras são maravilhosas!
Digo isso com convicção.

(Salmos 139.14)

Bendiga o SENHOR a minha alma!
Não esqueça nenhuma de suas bênçãos!
É ele que perdoa todos os seus pecados
e cura todas as suas doenças,

que resgata a sua vida da sepultura
e o coroa de bondade e compaixão,
que enche de bens a sua existência,
    de modo que a sua juventude
    se renova como a águia.

(Salmos 103.2-5)

Capítulo cinco

[...] O Senhor o deu, o Senhor o levou; louvado seja o nome do Senhor. (Jó 1.21)

Considero que os nossos sofrimentos atuais não podem ser comparados com a glória que em nós será revelada. (Romanos 8.18)

Por isso não desanimamos. Embora exteriormente estejamos a desgastar-nos, interiormente estamos sendo renovados dia após dia, pois os nossos sofrimentos leves e momentâneos estão produzindo para nós uma glória eterna que pesa mais do que todos eles. Assim, fixamos os olhos, não naquilo que se vê, mas no que não se vê, pois o que se vê é transitório, mas o que não se vê é eterno. (2Coríntios 4.16-18)

Leituras recomendadas sobre sofrimento

CARSON, D. A. **How Long, O Lord? Reflections on Suffering and Evil**. Grand Rapids, MI: Baker Book House, 1990.

GREIG, Pete. **God on Mute.** Grand Rapids, MI: Baker Books, 2012.

LEWIS, C. S. O problema do sofrimento. São Paulo: Vida, 2006.

YANCEY, Philip. Onde está Deus quando chega a dor? São Paulo: Vida, 2005.

Sobre os autores

Matt e Beth Redman conquistaram o Prêmio Dove de música de adoração do ano com "Bendito seja o teu nome". Juntos eles também escreveram "Let my words be few" [Que minhas palavras sejam poucas] e "You never let go" [Tu nunca desistes]. Matt, que trabalha em tempo integral como líder de adoração desde os 19 anos, já viajou para muitos lugares como África do Sul, Índia, Austrália e Emirados Árabes para reuniões de adoração, bem como participou de movimentos como *Passion* [Paixão] e *Soul Survivor* [Sobrevivente de alma]. Ele é autor de *The Unquenchable Worshipper* [O adorador insaciável] e *Facedown* [Prostrado] e das canções *The Heart of Worship* [O coração da adoração] e *Better Is One Day* [Melhor é um dia].

Beth já foi evangelista de estudantes no Worldwide Message Tribe e dirigente da Soul Sister, um braço do ministério Soul Survivor que capacita jovens mulheres. Ela é autora dos livros *Soul Sister* [Irmã de alma] e *Beautiful* [Bela].

Matt e Beth vivem em West Sussex, Inglaterra, com seus cinco filhos: Maisey, Noah, Rocco, Jackson e Levi.

Vem aí...

Vida

Bíblia da Nova Reforma

UMA NOVA REFORMA É POSSÍVEL

(1517-2017)

Esta é a primeira Bíblia de estudo e referência editada por um teólogo latino-americano que parte do contexto da América Latina.

Por ocasião da celebração dos 500 anos da Reforma Protestante, a Palavra de Deus nos desafia a uma vida de fé e compromisso para que haja verdadeiro avivamento e transformação em nossas nações.

A *Bíblia da Nova Reforma* oferece os melhores recursos da exegese e da exposição bíblica segundo os avanços hermenêuticos mais atuais, que, aliados à contribuição das ciências humanas e sociais (sociologia, psicologia, antropologia, etnologia, história, filosofia, teologia etc.), têm a finalidade de proporcionar uma melhor compreensão dos textos bíblicos à luz da realidade no mundo latino-americano.

AGUARDE!

Esta obra foi composta em *Adobe Caslon Pro*
e impressa por Imprensa da Fé sobre papel
Offset 70 g/m² para Editora Vida.